LE SPORT
de
l'Aviron
PAR
UN EX-CHAMPION

PARIS
LIBRAIRIES-IMPRIMERIES RÉUNIES
7, rue Saint-Benoît

LE SPORT DE L'AVIRON

ENCYCLOPÉDIE DES SPORTS

SOUS LA DIRECTION DE

M. Philippe DARYL

LE
SPORT DE L'AVIRON

PAR

UN EX-CHAMPION

PARIS

LIBRAIRIES-IMPRIMERIES RÉUNIES

7, rue Saint-Benoît

MAY ET MOTTEROZ, Directeur

1895

La plus grande partie des notes qui ont servi à la rédaction de ce volume nous ont été fournies par MM. Fleuret et Sevin, à qui nous nous faisons un plaisir d'en exprimer publiquement nos remerciements.

Ph. D.

PREMIÈRE PARTIE

LES ORIGINES

ET

L'ORGANISATION DE L'AVIRON

CHAPITRE PREMIER

L'AVIRON DANS L'ANTIQUITÉ ET SES DÉBUTS

DANS LE MONDE MODERNE

S'il est vrai que le *sport de l'aviron* soit d'origine absolument moderne, il n'est pas moins certain que l'*exercice de la rame* remonte à la plus haute antiquité : nos skiffs, nos outriggers actuels sont les descendants des trirèmes grecques, et les recherches archéologiques ont permis d'établir que la navigation à l'aviron existait sur les bords de la Baltique à une

1

époque intermédiaire entre l'âge de pierre et celui du fer, c'est-à-dire bien avant l'apparition de l'arche de Noé, la première embarcation sur laquelle nous ayons

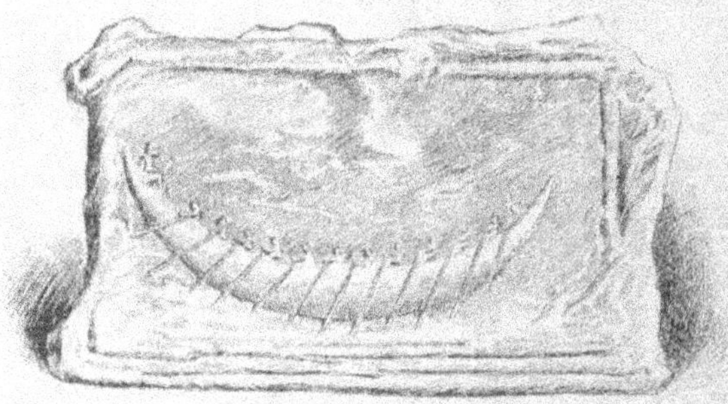

Pierre de Haggeby (Uplande).

des données assez positives pour que l'amiral Thévenard ait cru pouvoir lui assigner les dimensions suivantes : 500 pieds de long, 83 de large et 50 de haut.

Pentecontore.

Sous Sésostris, la marine égyptienne possédait des bâtiments nommés pentecontores, montés par cinquante rameurs actionnant chacun un aviron. Les monuments de l'antique Égypte fournissent d'ailleurs

Tombeau de Phtahhotpou à Saqqarah.

d'innombrables scènes de navigation. Nous avons choisi comme l'une des plus typiques celle que représente notre gravure : c'est un combat naval relevé sur la paroi du tombeau de Phtahhotpou à Saqqarah.

Trirème de la colonne Trajane.

Nous arrivons ensuite aux bâtiments du genre trirème ou trière, dont le premier fut établi par Aménoclés, constructeur de Corinthe, un précurseur des Tellier et des Dossunet.

Les trirèmes possédaient plusieurs rangs de rames, et les files de rameurs superposées portaient des noms différents suivant leur position dans l'embarcation. On nommait *thalamites* les rameurs des rangs inférieurs, *zygites* ceux du milieu, et *thranites* ceux du haut. Ces derniers étaient des hommes d'élite chargés de la besogne la plus dure.

Dix siècles avant notre ère, les peuples scandinaves employaient des bateaux à l'aviron pouvant marcher indistinctement de l'avant et de l'arrière, grâce à une disposition particulière de la rame qui, au lieu de reposer dans une mortaise du bordé, était libre et pouvait agir dans un sens ou dans l'autre. Les *nefs* sur lesquelles les Normands accomplirent leurs exploits marchaient à l'aviron et à la voile.

La marine à voiles ayant fait des progrès considérables, les bâtiments à l'aviron perdirent rapidement de leur importance. Cependant, durant les premiers siècles de notre ère, on employait encore dans la Méditerranée des bateaux à rames très rapides nommés *dromons*, qui portaient de trente à cent avirons, et, plus tard, nous voyons figurer dans les flottes militaires françaises, espagnoles et italiennes les *galères*, qui manœuvraient à l'aviron et à la voile. Les plus grands de ces bâtiments atteignaient une longueur de 56 mètres et avaient trente-deux bancs de nage. Chaque aviron de galère mesurait de 13 à 16 mètres de long.

Les rameurs, dont l'ensemble formait la chiourme, se divisaient en trois catégories : les forçats condamnés aux *galères* par les tribunaux, les esclaves turcs ou maures, et enfin les volontaires. Le signal des

Drakar des Scandinaves.

mouvements à exécuter était donné au sifflet, et, pendant leur travail, les galériens étaient complètement nus.

Fallait-il donner la chasse à l'ennemi ou tenter d'échapper à sa poursuite, les rameurs devaient manœuvrer leurs avirons sans relâche, parfois pendant des jours entiers. Qu'un d'eux vînt à faiblir, les argousins le fouettaient à tour de bras, jusqu'à ce qu'il reprît son service ou succombât. Alors on le jetait à la mer !...

Quels que fussent les crimes des galériens, on ne peut s'empêcher de frémir et de s'apitoyer en lisant dans l'*Histoire maritime* de Guérin que, souvent, à cause de la pénurie de rameurs, on était contraint de garder ceux-là mêmes qui avaient achevé leur peine.

Nos lecteurs trouveront dans ce volume des exemples d'endurance qui égalent s'ils ne surpassent

Galéasse du moyen âge.

pas ceux des galériens. Mais les hommes qui les accomplissaient étaient de libres citoyens, et la tâche qu'ils s'étaient eux-mêmes imposée leur semblait douce, soutenus qu'ils étaient par le sentiment du devoir, un fouet bien autrement puissant que celui des argousins.

Il nous faut borner ici ces détails historiques et entrer dans le vif de notre sujet, qui comporte exclusivement les embarcations dites *de rivière*, beaucoup moins imposantes que toutes celles dont nous venons de passer une rapide revue.

. . . .

Le temps n'est pas encore très éloigné où nos cours d'eau de France dévoilaient aux seuls passeurs et mariniers chalandiers les splendeurs de leurs berges et les mystères de leurs ondes, dont se souciaient fort peu les classes libérales de la société.

Soixante ans à peine se sont écoulés depuis l'époque où l'on commença à s'apercevoir que les voyages en rivière pouvaient lutter de pittoresque et d'attraits avec les excursions terrestres les plus vantées, et les mortels qui découvrirent cette vérité ont laissé d'assez grands noms dans l'histoire des lettres et des arts pour que le sport nautique dont ils sont les véritables pères ait le droit de s'enorgueillir de son origine : Alphonse Karr, Léon Gatayes, Adolphe Adam, Théophile Gautier, Louis et Théodore Gudin, Victor Deligny, etc., telle fut la pléiade des premiers canotiers.

Ces futurs grands hommes n'étaient certes pas des sportsmen et n'avaient en leurs longues flâneries sur l'élément liquide aucune prétention à cette vitesse qui caractérise le rameur de course. Loin de là, la *passion de l'eau* se traduisait uniquement alors par le *canotage de ballade* dont la tradition s'est conservée jusqu'à nos jours et qui compte encore de nombreux et fervents adeptes.

Le besoin de lutte inhérent à la nature humaine ne devait pas tarder à créer une dérivation à ce tranquille exercice et le premier défi que lança à ses confrères un balladeur jaloux de prouver la supériorité de ses muscles ou des formes de son bateau fut l'origine de *l'aviron de course*.

La concurrence était créée, et, l'amour-propre s'en mêlant, tout fut bientôt mis en œuvre pour obtenir la victoire. Les constructeurs se torturèrent l'imagination pour inventer de nouveaux types de bateaux que l'on voulut de jour en jour plus légers et plus étroits. En même temps la machine motrice (*id est* le rameur) travaillait également à son amélioration personnelle. On constata que la manière d'employer ses muscles, de donner le coup d'aviron n'était pas indifférente à la bonne marche de l'embarcation, des règles s'imposèrent et le *style* apparut. D'autre part, les rameurs se soumirent à un régime sévère et se livrèrent à des exercices quotidiens dans le but d'assouplir leurs articulations et de se débarrasser des excédents de graisse amassés pendant les périodes de repos. Ceci constitua *l'entraînement*.

Dès ce moment, deux castes de rameurs étaient en présence ; le *rameur de course* se séparait nettement du *balladeur*, autant par la différence des aspirations et des mœurs que par la nature des embarcations employées.

Aux rameurs de course, les *outriggers*, légers, étroits, aux bordages rasant l'eau, semblables avec leurs *portenage* ténus, leurs avirons longs et minces, à quelque gigantesque araignée aquatique. Aux balladeurs, le canoë confortable et sûr, élevé sur l'eau, manœuvrant à l'aviron, à la pagaie, voire à la voile, capable de porter les provisions et les bagages et de s'aventurer, sans coup férir, dans les hautes lames.

Mêmes différences, quant au costume.

Voici d'abord le rameur de course en sa tenue clas-
sique : maillot léger sur lequel il jette un jersey de laine
blanche, toque aux couleurs du club, culotte de flanelle
coupée aux genoux laissant les mollets nus.

Dans la Société à laquelle il est affilié, le rameur de
course fait à la fois l'orgueil et le désespoir du comi-

Le canné.

tard, avec lequel il est constamment en guerre (le comitard, c'est le membre du Comité, presque toujours
un balladeur). Le plus curieux, c'est que, loin de lui en
garder rancune, le comitard admire volontiers le cou-
reur et le traite un peu en enfant gâté. Inutile d'ajouter
que le rameur en abuse.

Le *balladeur* n'est plus le friturier de l'origine, cou-
reur de guinguettes, bruyant compagnon des canotières
d'antan. C'est le routier nautique qui a élevé le tou-

risme sur l'eau à la hauteur d'une institution; c'est le découvreur infatigable de sites pittoresques. C'est souvent aussi un attrayant écrivain, dont les relations de voyages pétillent d'humour et d'entrain.

Le voyage de MM. le Dr Lagrange et A. du M..., effectué de Limoges à Paimbœuf à bord de la *Libellule* (un petit canot à deux de couple) et raconté par le second des deux excursionnistes, est, sans contredit, le chef-d'œuvre du genre.

Ce récit, que publia en 1887 un journal de sport nautique, est écrit dans un style original, doucement ironique, et les dessins qui l'accompagnent sont d'un effet irrésistible. Rien de plus amusant que certains épisodes narrés par M. A. du M... : le naufrage de la *Libellule*, l'accoutrement des deux rameurs, contraints, par suite d'accidents, de s'affubler de pantalons en coutil bleu azur qui déteignent sur leurs jambes, les étonnements des pharmaciens que le docteur se plaît à ahurir en leur parlant de leurs malades dans les termes les plus techniques, les démêlés avec les gendarmes dépêchés par le maire, qui a cru voir des espions prussiens en nos deux voyageurs : tout est à citer dans cette jolie narration que nous avons personnellement lue et relue bien souvent.

Les voyages de Strasbourg à Amsterdam, par M. Jules Gidé, du Pecq à Rouen, par M. P. Maréchal, et l'excursion en canot de papier sur les rapides de la Dordogne, par M. Marc Fournel, sont également d'un grand attrait.

Le balladeur, qui la plupart du temps est très versé dans le sport nautique et fait partie d'une Société de rameurs de course, porte un costume très correct, composé d'une chemise de flanelle, casquette américaine ou chapeau de paille, culotte courte, bas de laine, jersey et veston.

C'est, comme nous l'avons dit, parmi les balladeurs que se recrutent en général les membres du comité des Sociétés nautiques, ces dévoués *comitards* dont la sage gestion prépare les succès en régates et assure au club de longues années de prospérité.

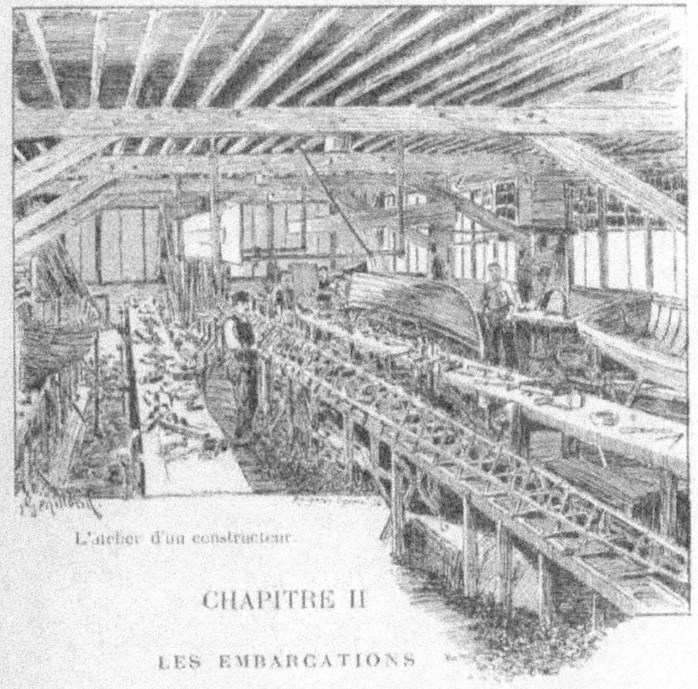

L'atelier d'un constructeur.

CHAPITRE II

LES EMBARCATIONS

Que le lecteur veuille bien maintenant nous accompagner, par la pensée s'entend, chez un personnage qui joue un rôle important dans le monde nautique : le *constructeur*. Nous aurons ainsi l'occasion d'étudier sur la place même où il s'élabore le matériel de nos rameurs.

Le choix de l'atelier importe peu ; nous pouvons à notre gré visiter Tellier à Bercy, Dossunet à Joinville-le-Pont, ou Seyler à Courbevoie. En notre qualité de rameurs nous serons partout reçus avec le même empressement, la même cordialité, car les constructeurs, pour la plupart anciens rameurs, ont conservé de nombreuses attaches dans les Sociétés nautiques auxquelles ils sont restés affiliés.

Il faut dire aussi que les constructeurs parisiens dont la réputation est maintenant universelle ont une véritable passion pour leur art et pour tout ce qui s'y rapporte. Rien n'est plus facile que de mettre l'un d'eux sur le chapitre *bateau*, rien n'est plus difficile que de l'arrêter quand une fois il y est : la fuite est dans ce cas le moyen le plus sûr.

Donc notre visite a causé au maître de la maison une joie qu'on peut lire sur sa figure réjouie. Après les compliments d'usage, nous sommes introduits dans le sanctuaire où les bateaux en construction s'allongent paresseusement sur les chantiers pendant qu'autour d'eux s'agite la cohorte des ouvriers.

Examinons cette embarcation dont on ne voit encore que le squelette, semblable un peu à celui de la célèbre baleine du Muséum (voir en tête).

La pièce de bois qui court d'un bout à l'autre (telle la colonne vertébrale), c'est la *carlingue* (AA) terminée par deux pièces de bois relevées en éperon, l'une à l'avant, l'*étrave* (B), l'autre à l'arrière, l'*étambot* (C).

Perpendiculairement à la carlingue et greffés sur elle sont placés des demi-cercles, figurant les côtes du squelette, ce sont les *varangues* (e). C'est sur les varangues que l'on appliquera plus tard le *bordage* d'acajou ou de sapin qui forme comme la peau de l'embarcation.

Puis, en haut du bordage, à l'intérieur, une pièce de bois nommée *précinthe* (FF') va courir tout autour du

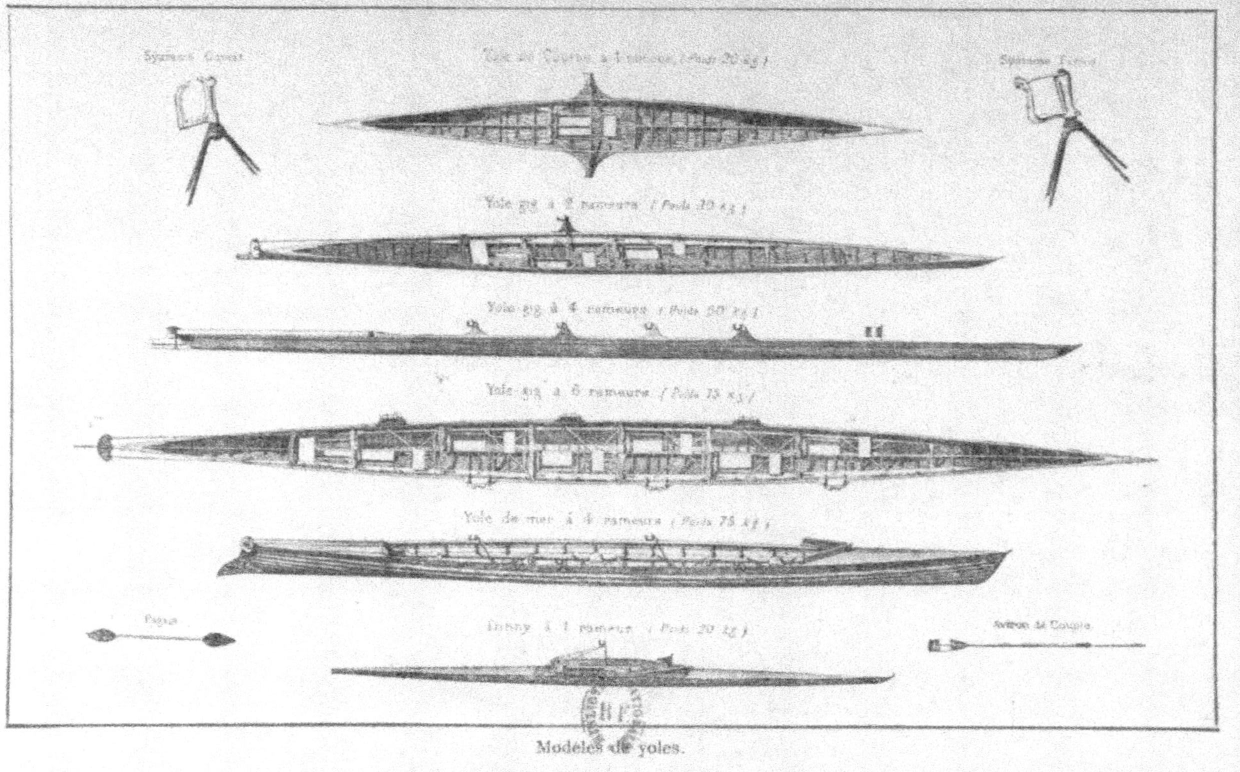

Modèles de yoles.

bateau, dont la rigidité est assurée par des *châssis*
s'appuyant sur chaque côté de la *précinthe*; sur ces
châssis sont placés les *bancs mobiles*, sortes de cha-
riots roulants sur lesquels s'assoient les rameurs. Au-
dessus de la *précinthe*, le bordage est continué par une
bande de bois appelée *carreau* (H) et sur laquelle
s'appuient les avirons, si le bateau est une yole, ou
les porte-nage, si le bateau est un *outrigger*. L'aviron
se cale dans les *systèmes* placés sur la *bosse de nage*
dans la yole, à l'extrémité des *porte-nage* dans les
outriggers.

Les pieds prennent leur point d'appui sur une
planche inclinée (K) qui s'appuie de chaque côté à la
précinthe et au fond sur la *carlingue*.

Il nous faut terminer cette nomenclature en indi-
quant la classification
des bateaux par rapport
à leur construction :

Au point de vue de la
nature des bordages :

Bateau à clins.

Deux classes : bateaux à clins, bateaux à franc bord.

Les bateaux à clins ont leurs bordages composés de
plusieurs feuillets se recouvrant en partie comme les
ardoises sur un toit.

Les bateaux à franc bord n'ont qu'un seul bordage
de chaque côté. Ils présentent donc une surface absolument lisse et sont naturellement plus rapides, mais
en même temps plus instables.

Au point de vue de l'appui donné aux avirons :

Deux classes : yoles et outriggers.

Dans les yoles, l'aviron s'appuie directement sur le
bordage du bateau.

Dans les outriggers, il repose à l'extrémité d'une

armature de fer fixée aux flancs du bateau. Les outriggers permettent d'avoir un levier d'aviron plus long
et sont plus rapides que les yoles.

Les yoles servent surtout à la ballade et sont généralement à clins. Il y a quelques années, les rameurs
de course montaient des yoles à franc bord. Ce genre
de bateau qui comportait deux, quatre ou six rameurs,
est aujourd'hui abandonné pour les courses en rivière,
mais on en construit encore pour les courses à la mer.

L'outrigger est réservé pour la course et se construit à franc bord (sauf quelques exceptions réservées
pour l'exercice); il peut porter huit, six, quatre, deux
rameurs ou un seul rameur. Dans ce dernier cas, il
prend la dénomination spéciale de *skiff*.

La troisième classification des bateaux est relative à
leur armement.

Deux classes : armés en pointe, armés en couple.

Ils sont dits armés en pointe quand chaque rameur
ne manœuvre qu'un seul aviron; armés en couple,
quand chaque rameur tient deux avirons.

Enfin, un bateau peut être *ponté* ou *non ponté*, selon
qu'il est ou non recouvert à l'avant et à l'arrière d'une
toile vernie qui le ferme et lui donne une certaine ressemblance avec le kaïak esquimau.

En résumé, pour caractériser une embarcation, il
faut indiquer son classement dans chacune des catégories ci-dessus indiquées. On dira par exemple : « C'est
une yole, à clins, en couple, non pontée. »

Le véritable bateau de ballade est le *canoë* d'importation américaine, qui jouit d'une vogue justifiée. C'est
une sorte d'outrigger, large et profond, ponté en bois,
qui peut marcher à l'aviron, à la pagaie et quelquefois
à la voile.

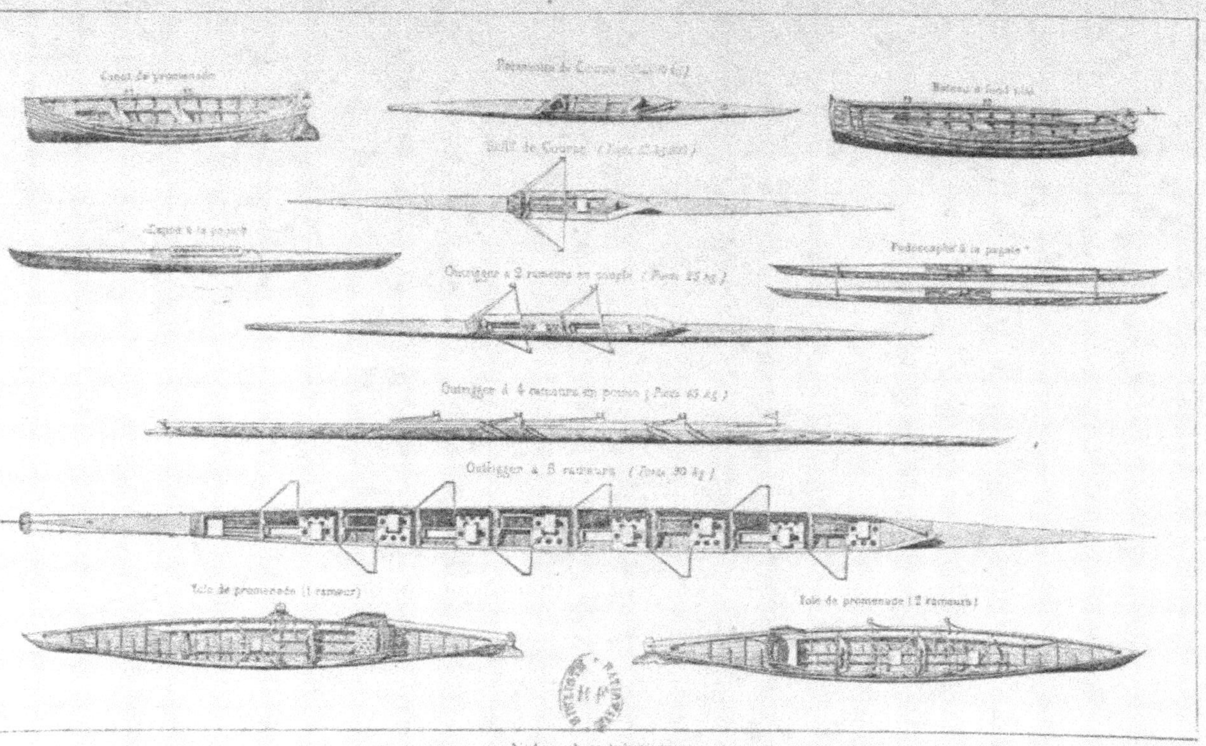

Yoles et outriggers.

La yole, l'outrigger, le canoë sont les bateaux types; ajoutons-y, pour être complets, le vulgaire bateau de pêche aux deux extrémités trapézoïdales élevées sur l'eau.

De ces quatre modèles dérivent une quantité pour ainsi dire innombrable d'embarcations, dont les formes, quoique se rapprochant plus ou moins d'un type défini, sont modifiées au gré du caprice du propriétaire, ou suivant l'usage

Canoë canadien.

auquel on les destine. C'est ainsi que doivent être considérés, par exemple, le *chasse-canard* et la *norvégienne*, dont l'avant seulement est élevé sur l'eau. Nous devons à la complaisance du constructeur Tellier de pouvoir présenter au lecteur quelques-uns des prin-

Canoë de mer.

cipaux genres d'embarcations.

Le *canoë* comprend trois types distincts :

Canoë canadien, à franc bord, marchant à la pagaie et à la voile seulement;

Canoë de mer, large et haut de bord, allant surtout à la voile;

Canoë de rivière.

Canoë de rivière, dont nous avons déjà parlé.

La *yole* est certainement le genre d'embarcation

sous lequel se rangent le plus grand nombre de modèles différents.

Citons d'abord le *youyou*, véritable coquille de noix, presque aussi large que long, et la *baleinière*, longue de 7 à 8 mètres, très effilée à l'avant et à l'arrière. Ces deux espèces de bateaux sont employées sur-

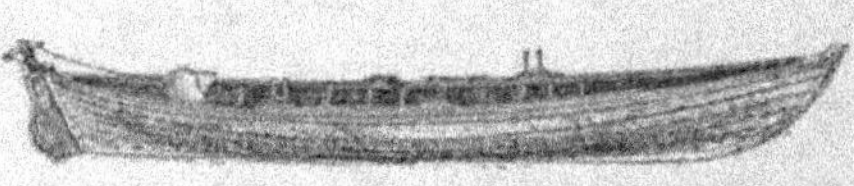

Baleinière.

tout comme canots de service à bord des navires.

Le *bateau de famille* est une sorte de yole très large, très profonde, dont le nom indique suffisamment la destination.

Tous les bateaux précédemment décrits sont à bancs fixes.

La *yole de promenade* à un ou plusieurs rameurs.

Canot de famille.

qui est souvent munie de bancs à coulisses, se rapproche, quant à sa forme, de la *yole de course*. La seule différence consiste en ce que l'une est construite à clins et l'autre à franc bord.

Yole à un rameur, avec barreur.

La *yole d'entraînement*, dite communément *yole de mer*, est une embarcation ressemblant assez à une baleinière, mais installée absolument comme un bateau de course et parfois même munie de portants (*outriggers*); c'est le bateau d'étude des novices.

La véritable *yole de mer* diffère de la précédente par son *creux*, par son installation à bancs fixes et par la rigidité de sa construction.

La classe des *outriggers* ne comporte qu'un seul dérivé : le *funny*, sorte de skiff très large.

La plupart du temps, les *outriggers* sont *coupés*, c'est-à-dire qu'ils peuvent être démontés en deux ou trois morceaux. Cette disposition, indispensable pour les transports par chemins de fer, en vue des régates, s'explique par ce fait que la longueur des bateaux en question varie de 8 mètres pour un *skiff* à 17 mètres pour un *huit*.

Tricycle rameur (sur l'avant).

CHAPITRE III

LES MACHINES A RAMER

Quel que soit le dédain du rameur pour les rigueurs de la température, il arrive fréquemment qu'en hiver les sorties sont rendues matériellement impossibles, par exemple lorsque la rivière se couvre de glaçons. Il était donc tout naturel que les esprits inventifs courussent à la recherche de solutions permettant de ramer ailleurs que sur l'eau glacée, c'est-à-dire soit sur route, soit dans un endroit clos et couvert.

Il est probable que cette idée de ramer sur route va provoquer une douce hilarité chez le lecteur en lui remémorant les traditionnelles plaisanteries sur les bateaux « qui ont des jambes ».

Et cependant il faut bien se rendre à l'évidence : le tricycle rameur, dont un exemplaire fut construit vers

1887 par la maison Rudge, est sinon un bateau « qui a des jambes », du moins un bateau « à roulettes ».

Le rameur y occupe absolument la même position que dans un skiff et les mouvements qu'il exécute sont identiques.

Des courses ont été organisées entre rameurs montant cet appareil; l'une des plus célèbres est celle qui

Tricycle rameur sur l'arrière).

eut lieu à New-York entre l'élite des rameurs professionnels américains et anglais : Teemer, O. Connor, Wallace Ross, Hamm Eyck, Mackay, Gaudeur, Bubear, East, etc. La lutte dura six jours et se termina par la victoire de Gaudeur qui parcourut 565 milles.

La vitesse du tricycle rameur n'est pas très considérable; elle est plutôt inférieure à celle du tricycle ordinaire.

La seconde solution de la question, l'exercice en lieu

clos, a été obtenue par l'invention de deux appareils
bien différents : la *machine à ramer* et le *tank*.

La machine à ramer se compose d'une caisse sur
laquelle est installé un banc à coulisse. De chaque
côté de la caisse se greffent des arcs-boutants qui
supportent des leviers figurant les poignées des avi-

Machine à ramer.

rons. Les leviers sont articulés avec les arcs-boutants
et peuvent décrire un arc de cercle dans le plan horizontal. Afin de figurer la résistance de la palette sur
l'eau, l'articulation comporte soit un ressort, soit une
vis de pression s'opposant dans une certaine mesure
au mouvement horizontal du levier. A la fin du coup,
l'action du ressort ou de la vis cesse, pour permettre
au rameur de revenir sur l'avant. Le renversement du

poignet s'obtient en faisant tourner la poignée de bois du levier autour de l'axe de métal.

Il existe d'autres types de machines à ramer qu'il serait trop long de décrire ici. Citons cependant un de ces appareils où la résistance de l'eau est figurée au moyen d'un piston.

Comme la caisse de la *machine à ramer* n'occupe qu'une superficie très réduite et que les bras de levier peuvent se démonter, l'appareil rend de véritables services à ceux qui désirent se livrer à la gymnastique de l'aviron dans leur appartement même. Nous verrons plus loin les inconvénients qu'il présente et qui le rendent impropre à l'*enseignement* du coup d'aviron.

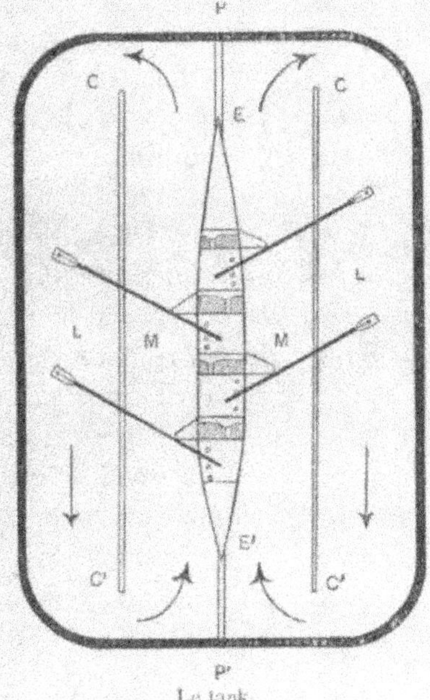

Le tank.

Nous arrivons ensuite au *tank*, dont la construction est aussi simple que le principe en est ingénieux.

Cet appareil a pour but comme les précédents de permettre de ramer, sur place, en lieu clos ; mais il diffère du tricycle rameur et de la machine à ramer en ce que le tireur est installé dans un véritable bateau, se sert d'avirons authentiques et rame réellement dans l'eau.

Qu'on se figure une pièce d'eau de 16 à 17 mètres de long sur 10 à 11 mètres de large, affectant la forme d'un rectangle aux coins arrondis. Dans le sens de la longueur et à 2^m,50 environ de chaque paroi sont élevées deux cloisons, C, C', dont les extrémités s'arrêtent à quelque distance des côtés transversaux ; au milieu du bassin, un bateau à quatre rameurs est solidement fixé par les deux bouts, E, E', sous le bateau existe une cloison qui va de P en P' et sépare complètement la pièce d'eau en deux parties égales. Pour plus de simplicité, appelons L les deux compartiments de côté et M les deux du milieu.

Les rameurs s'installent dans le bateau et commencent à ramer. On voit tout de suite ce qui se passe. L'eau refoulée par la palette des avirons dans la direction des flèches F va frapper les coins arrondis du bassin, puis est rejetée dans la partie M ; elle rentre ensuite dans le compartiment L par l'autre extrémité.

La marche est du reste indiquée par les flèches qui montrent bien la production des deux courants circulaires. Ajoutons que, pour diminuer un peu la résistance de l'eau, les palettes des avirons sont percées d'ouvertures dont on peut faire varier la dimension.

La supériorité de cet appareil sur les deux précédents est évidente à priori.

Avec le tricycle rameur et la machine à ramer, les muscles travaillent, il est vrai, gymnastiquement comme dans une véritable embarcation ; mais il est impossible d'apprendre à ramer avec ces appareils qui ne sauraient donner l'*attaque*, c'est-à-dire la *façon de saisir l'eau et de conduire l'aviron à travers une masse liquide.*

Le *tank* au contraire permet d'exécuter un coup d'aviron réel, il permet en outre à l'instructeur de surveiller attentivement ses élèves, car en tournant autour du bassin il peut les envisager sur toutes leurs allures.

Il est bien regrettable que l'usage du *tank* ne se soit pas généralisé en France, où il aurait rendu de précieux services, surtout au point de vue scolaire.

Le seul essai du *tank* qui ait été effectué dans notre pays fut, si nos souvenirs sont exacts, celui de l'Union nautique de Lyon. Encore cette expérience n'était-elle pas exécutée dans des conditions bien avantageuses, puisque, au lieu d'un bassin spécial, la Société en question avait dû se contenter de fixer un de ses bateaux dans un établissement de bains.

Intérieur d'un garage.

CHAPITRE IV

LES SOCIÉTÉS NAUTIQUES — LES GROUPES RÉGIONAUX
LA FÉDÉRATION

Nous avons étudié successivement le personnel et le matériel de nos Sociétés; nous allons maintenant décrire le fonctionnement même de ces Sociétés, notre organisation nautique en un mot, qui est d'ailleurs fort avancée et pourrait être citée comme modèle à bien des associations similaires. Hâtons-nous de reconnaître que ce n'est pas sans de nombreux tiraillements, sans des polémiques fort vives, que l'état de choses actuel a été créé. Les obstacles rencontrés ne peuvent que nous rendre plus fiers du résultat.

A l'origine du canotage, lorsque se donnèrent les premières courses ou *régates*, le seul groupement connu était l'*équipe*, c'est-à-dire l'association de deux, quatre ou six rameurs nécessaires pour faire marcher l'embarcation. L'émulation n'existait donc que d'équipe à équipe.

On ne tarda pas à reconnaître les inconvénients d'un tel système et les avantages que présenterait par contre un groupement plus étendu, permettant de réunir, sous un même *pavillon*, une quantité aussi considérable que possible de rameurs parmi lesquels on trouverait plus facilement les éléments d'une équipe hors ligne. Ce fut le début des Sociétés nautiques. La lutte fut alors de Société à Société et l'on commença à prendre l'habitude de sacrifier son intérêt propre à celui du pavillon sous lequel on s'était volontairement rangé. Les équipes mieux choisies furent entraînées avec soin et les subsides qu'on leur fournit leur permirent de toujours tenir leurs bateaux à la hauteur des progrès de la construction. Elles purent même entreprendre des *déplacements* et répondre aux défis de leurs concurrents en allant les battre dans leurs propres eaux, fût-ce à l'étranger.

Un grand pas était fait, mais que de progrès restaient encore à accomplir !

On se plaignit bientôt de la diversité des règlements de courses que chaque Société modifiait au gré de ses caprices ou de son intérêt, pour chacune des régates organisées par elle. Des groupements de Sociétés s'établirent dans le but d'imposer à tous les adhérents un code unique et ces associations furent le noyau des groupes régionaux. Plus tard, l'édifice se couronna par la réunion en syndicat de toutes les Sociétés françaises. Nous ajouterons même qu'à l'heure actuelle, il existe une entente internationale reliant la France, l'Italie, la Belgique et la Suisse.

La Fédération française est le groupement des associations régionales du Nord, du Nord-Est, du Sud-Est, du Sud-Ouest, de la Loire et de Paris.

Examinons maintenant chacune des diverses unités nautiques : Société, Groupe régional, Fédération française.

Les Sociétés nautiques inscrivent la mention suivante en tête de leurs statuts :

« Fondée pour développer le goût du sport nautique. »

Cela est le but, voici le moyen :

« Organisation de régates, éducation des rameurs, formation des équipes destinées à défendre en régates les couleurs de la Société. »

Pour parer à cette double tâche, les Sociétés doivent nécessairement s'assurer des ressources pécuniaires. Leurs budgets sont alimentés par les cotisations des sociétaires.

L'existence d'un budget suppose d'autre part l'obligation de désigner des administrateurs qui constituent ce que l'on nomme le *Comité* de la Société. Ce Comité se compose en principe d'un président chargé de diriger les séances, d'un secrétaire pour la correspondance et la rédaction des procès-verbaux, d'un trésorier pour la comptabilité et d'un capitaine d'entraînement ayant pour mission l'instruction des novices, la constitution des équipes et la surveillance de l'entraînement.

Les sociétaires se divisent généralement en deux classes : les membres *actifs*, c'est-à-dire ceux qui rament et qui aspirent à représenter la Société en régates, et les membres *honoraires* ou *titulaires*, en général anciens rameurs retirés de la lutte, mais qui se font un point d'honneur de soutenir de leurs deniers la Société à la grandeur de laquelle ils ont tant contribué et un plaisir d'encourager leurs jeunes camarades, chez lesquels ils trouvent encore comme un reflet de leur vigueur d'antan.

Avec le développement qu'ont atteint la plupart de nos Sociétés d'aviron, ce n'est pas, on le comprendra facilement, une chose de peu d'importance que la gestion de budgets qui atteignent parfois 12 à 15000 francs. Si à la responsabilité financière on ajoute les soins d'entretien d'un matériel délicat et coûteux, la responsabilité morale des défaites en régates et la gestion des garages, véritables palais présentant tout le confort désirable, on reconnaîtra qu'il faut un réel dévouement pour accepter une fonction dans le Comité. Tel est cependant l'esprit d'abnégation et de discipline de nos adeptes que l'on voit bien rarement l'un d'eux se dérober à l'honneur que lui font ses camarades en lui donnant leurs suffrages.

Un mot sur les garages de nos Sociétés.

Quelle que soit sa forme extérieure, un garage comprend trois parties principales : le *hangar* où se remisent les bateaux, la *salle de réunion* des sociétaires et le *vestiaire* où les rameurs changent de vêtements.

Le hangar est divisé en un certain nombre de travées de chaque côté desquelles sont fixés les portants, destinés à recevoir les embarcations.

La salle de réunion, dont le mobilier, fort simple, se compose généralement d'une grande table et de chaises, est ornée des objets d'art gagnés en régates par les équipes de la Société : tableaux, trophées, sta-

tuettes y sont le témoignage palpable de la valeur
des rameurs. L'installation du vestiaire, composé de

Garage du Rowing-Club de Paris.

cases munies de portemanteaux, se complète par un
lavabo et une salle de douches.

Ceci est le nécessaire. Quelques-uns ne s'en contentent pas et ajoutent dans les dépendances de leur garage des salles d'escrime et de billard, des cours de tennis, etc.

Des groupes régionaux, peu de chose à dire : ce sont surtout des associations de transition réunissant un certain nombre de Sociétés voisines et veillant dans leur sphère à l'exécution du règlement de courses de la Fédération française dont le Comité comprend d'ailleurs un délégué de chaque groupe régional.

La Fédération française, ultime degré de notre organisation, n'a pas été, comme nous l'avons dit plus haut, sans rencontrer de sérieuses difficultés à son origine.

Après la fondation de l'Union du Sud-Ouest, un premier groupement de toutes les Sociétés nautiques françaises, provoqué par le Cercle nautique de France, fut créé en 1882 sous le nom d'Union des Sociétés d'aviron de France. Un essai de Fédération nationale tenté en janvier 1889 ne put réussir.

Enfin, le 30 mars 1890, une convention intervint entre l'Union des Sociétés d'aviron de France, la Fédération du nord de la France et l'Union du Sud-Ouest. L'application en fut faite à partir du 1er janvier 1891.

L'Association a pris depuis le nom de Fédération française et s'est complétée par l'adjonction de l'Union du Sud-Est, du Nord-Est, de la Loire et de la Fédération parisienne.

CHAPITRE V

LES RÉGATES — LES GRANDES COURSES
LE CLASSEMENT DES RAMEURS

La cause finale de notre organisation nautique, le but vers lequel tendent toutes ces forces, matérielles et administratives, que nous venons de passer en revue, c'est la *régate*.

Quoi qu'en disent certains, le sport ne saurait exister sans l'émulation. L'instinct de combativité propre à la nature humaine et si particulièrement développé chez la race française nous permet d'affirmer qu'aucun sport ne réussirait dans notre pays si chacun de ses adeptes n'avait en perspective l'attrait puissant de la lutte et n'était maintenu et poussé par le désir, bien légitime d'ailleurs, de fournir, *coram populo*, la mesure exacte de la supériorité que lui a donnée sur ses adversaires la pratique assidue du sport.

L'exercice de l'aviron, plus que tout autre, devait subir cette loi : l'étude en est si ardue et l'entraînement qu'il exige si pénible que l'on trouverait bien peu de jeunes gens décidés à l'entreprendre si on ne leur

L'instruction des novices se fait surtout en hiver.

offrait, à la fois comme but et comme haute récompense morale, l'appât de la victoire en régate.

Pour comprendre ceci, il suffit de suivre le débutant depuis le moment où il monte en bateau pour la première fois jusqu'à l'heure de la course.

L'instruction des novices se fait surtout en hiver, et il n'est point rare de voir par le temps le plus glacial les portes du garage s'ouvrir pour livrer passage aux rameurs et aux embarcations. Quel est celui d'entre nous qui n'a vu, au cours d'une sortie hivernale, les gouttelettes d'eau geler au fur et à mesure sur le levier de son aviron? Hâtons-nous d'ajouter que le rameur ne souffre guère des rigueurs de la température : quelques minutes d'exercice suffisent largement pour le rendre indifférent au froid.

Les débuts sont réellement pénibles.

Si simple qu'il paraisse aux yeux des profanes, le maniement correct de l'aviron exige un apprentissage long et difficile, une assiduité constante et une docilité exemplaire.

Il faut vingt fois recommencer telle ou telle partie du coup, rectifier la position du corps, surveiller l'emploi d'un muscle, etc., etc. Trois mois d'hiver ne sont pas trop pour former un rameur. Encore celui-ci n'a-t-il que la pratique de l'*aviron* et lui reste-t-il à acquérir celle du *bateau de course*.

Supposons qu'au mois d'avril, le novice ait effectué assez de sorties en yole de mer (c'est le bateau d'étude) pour connaître à fond le maniement de l'aviron : l'entraînement proprement dit va commencer.

Tout d'abord le rameur change d'embarcation : il abandonne le lourd bateau à clins, compagnon de ses débuts, pour le léger outrigger de course. C'est une nouvelle difficulté à vaincre.

L'outrigger est, en effet, essentiellement instable, le lest n'y est maintenu que par le jeu réglé des avirons qui forment balancier. Il faut donc que le rameur acquière ce que les Anglais appellent le *watermanship*, ce que nous nommons la *science du bateau*. C'est cette science du bateau qui permettra au rameur de veiller à la stabi-

lité de l'embarcation, de suivre exactement le chef de
nage et de donner dans le même temps un coup
d'aviron aussi correct et aussi énergique que s'il n'avait
à s'occuper que de cela.

Ils sont partis.

Ce résultat s'ob-
tient après un certain nombre de sorties quotidiennes.

L'équipe est enfin sûre d'elle-même, les exercices se
sont poursuivis régulièrement, les rameurs ont perdu
l'excès de graisse amassé pendant la période de repos,
le bateau marche bien, sans à-coups, sans délester, et
le capitaine d'entraînement a daigné témoigner sa
satisfaction.

On décide que l'équipe se présentera en course. Le novice donne libre cours à son émotion.

Le grand jour est arrivé. Le soleil a, pour la circonstance, revêtu son habit des dimanches tout pailleté d'or, les berges sont couvertes d'une foule attentive dans laquelle bat plus d'un cœur ami : père, mère ou sœur, très anxieux.

Une bombe !

C'est le signal de la mise en ligne ; gravement défilent les embarcations remontant doucement pour se placer sous les ordres du juge au départ. Les rameurs sont corrects, tranquilles (en apparence du moins), resplendissant sous leurs maillots aux couleurs de la Société

Un signal, une autre bombe !

Ils sont partis.

Oh ! le premier moment de la première course, l'émotion du début, l'étreinte si doucement douloureuse qui enserre le cœur, comme tout cela reste bien gravé dans la mémoire, illuminant plus tard les heures mornes de la vieillesse d'un reflet des beaux jours passés !

. . . .

Cependant l'énergie des équipiers et surtout leur style ont donné le résultat espéré : les voici devant, rassurés, parfaitement maîtres d'eux-mêmes, insoucieux des cris de la foule, sourds aux exhortations, surveillant de l'œil leurs adversaires, afin de répondre coup pour coup aux efforts de ceux-ci. Rien ne saurait désormais leur arracher la victoire.

Ils passent…, ils sont passés.

Troisième bombe !

C'est la fin, la musique attaque sa marche la plus triomphale, les vivats retentissent, les mouchoirs

L'arrivée.

s'agitent, et, comme si les éléments eux-mêmes vou-
laient apporter leur contingent d'hommages aux heureux vainqueurs, voici que, sous la brise, s'inclinent
les pavillons multicolores déroulant leurs plis dans
l'azur du ciel.

On débarque, on serre des mains amies, on reçoit
des félicitations, on entend comme dans un rêve des
voix chéries qui s'informent.

. . . .

Tout cela a duré un quart d'heure à peine. Mais
comme sont bien payées les longues heures d'étude
et d'entraînement, comme sont loin les onglées de
décembre, les neiges de janvier et les ondées de mars !

En dehors des régates particulières organisées par
chaque Société nautique, il existe un certain nombre
d'épreuves classiques qui sont vis-à-vis des courses
ordinaires comme des représentations de gala où
chacun se fait un honneur de pouvoir assister, mais où
n'assistent que ceux-là seuls qui en sont dignes : ce
sont en province les championnats régionaux, et à
Paris les grands matches, les régates internationales
et le championnat de France.

Les championnats régionaux sont, à vrai dire, le pré-
lude du championnat de France. Ils servent surtout à
indiquer les concurrents pour cette grande épreuve.

Disons quelques mots de l'origine et de l'histoire du
championnat de France, qui actuellement met, chaque
année, les meilleurs rameurs du continent en présence.

La course en *sculling boat*, importée en France par
une équipe d'amateurs anglais, l'*Éva*, resta pendant
longtemps l'apanage exclusif de ces rameurs qui seuls
possédaient alors des skiffs ou embarcations à porte-

nage en dehors ; en 1853 seulement, la Société des Régates parisiennes inscrivit sur le programme de ses régates de printemps une course en skiff dont le vainqueur devait être proclamé le champion de la Seine ; ce fut M. Frédéric Lowe, chef de nage de l'*Éva*, qui le premier eut l'honneur de porter le titre de champion qu'il conserva pendant quatre années. M. Louis Armet gagna le championnat de 1857 et le conserva pendant cinq années consécutives.

M. Edmond Gamby lui succéda en 1862, mais céda l'année suivante la place á M. Huot.

Ce dernier, uniquement entraîné aux avirons de couple, fut le professeur de M. Eugène Frébault, son ami, qui ne tarda pas à devenir son rival et son maître en gagnant la course de 1864.

Nous arrivons en 1865, époque des plus belles luttes en skiff qui aient eu lieu à Paris depuis la création du championnat. De 1865 à 1868, en effet, deux rameurs seulement se disputaient le titre, mais ces deux rameurs s'appelaient Frébault et Gesling ; montant ensemble à deux, quatre et six dans la *Persévérance*, de glorieuse mémoire, les deux lutteurs se séparaient une fois l'année pour courir le championnat.

La plus fameuse de leurs courses fut en 1866. Partis bord à bord, MM. Frébault et Gesling arrivèrent ensemble à la bouée, après un parcours de plus de 2500 mètres. Épuisés, à bout de forces, les vaillants rameurs ne purent faire leur virage sur la bouée et M. Frébault ne dut la victoire qu'à l'avantage de son numéro qui lui permit de donner à virer le premier. En 1867, M. Gesling devenait champion et conservait le titre jusqu'en 1875.

L'année 1876 vit s'établir, sous les auspices du Cercle

nautique, le *championnat de France*, course ouverte à tous les amateurs de France et de l'étranger. M. Alexandre Lein conquit le titre en 1876 et le conserva jusqu'en 1884.

Depuis deux ans cependant on voyait se présenter à cette grande épreuve un rameur boulonnais, M. d'Hautefeuille, dont les progrès étonnaient tous les spécialistes. La ténacité du rameur provincial devait recevoir sa récompense. En 1884, il enlevait le championnat. En 1885, ce fut le tour d'un Lyonnais, M. Bidault. Puis M. Lein eut un regain de forme et reprit le titre en 1886 pour succomber l'année suivante derrière M. Rambure, de Valenciennes. En 1888, le champion fut Paul Flouest, un Parisien, l'élève favori de Lein ; en 1889, M. Jules Piot, un Lyonnais ; en 1890, M. Émile Lepron du Rowing-Club de Paris. Enfin, en 1891, et pour la première fois depuis la fondation de la course, un étranger, le Hollandais *Ooms*, s'adjugea le titre de champion de France, que Lepron lui reprit en 1892 et conserva en 1893.

Les régates internationales de Paris tirent leur importance de la présence pour ainsi dire obligatoire des équipes parisiennes dont la réputation est universelle et qui tiennent jusqu'à nouvel ordre et sauf de rares exceptions la tête du mouvement nautique. Il serait injuste cependant de méconnaître les immenses progrès accomplis par la province, qui a parfois fourni des équipes de première force devant lesquelles les Parisiens succombèrent. Citons parmi celles-ci les équipes de Calais, de Boulogne, de Toulouse, de Lyon, de Bordeaux, de Rouen et de Nantes.

La création des régates internationales, dirigées par un syndicat des Sociétés parisiennes, date de 1878.

A cette époque il n'existait à Paris que trois Cercles :
le Rowing-Club, le Cercle nautique de France et la
Société nautique de la Marne. L'Exposition allait
s'ouvrir et le moment semblait parfaitement choisi pour
entamer une action auprès des pouvoirs publics. Néanmoins, tout ce que les organisateurs purent obtenir, ce
fut une subvention de 1000 francs du Conseil municipal. Le Comité d'organisation ne perdit pas courage
et les régates qui eurent lieu le 18 août dans le bassin
de Grenelle obtinrent un franc succès. En 1884, le
Conseil municipal ayant refusé la subvention qu'il
accordait annuellement, le monde nautique s'émut, la
presse spéciale entra en campagne et M. Vieira, président du Rowing-Club, provoqua une réunion des
Comités de toutes les Sociétés parisiennes : le Rowing-
Club, la Société nautique de la Marne, le Cercle nautique de France, le Cercle de l'Aviron, la Société
nautique de la Basse-Seine et la Société d'Encouragement. Le Comité des régates internationales de Paris
fut complètement réorganisé.

Depuis cette époque, deux Sociétés nouvelles se sont
ajoutées à la liste ci-dessus; ce sont : la Société de Voile
et d'Aviron de Billancourt, le Club nautique de Paris.

Le Comité pour l'année 1894 est composé de
MM. Vacherot (président de la Société de Billancourt),
Boucher, secrétaire, et Hébrard, trésorier.

Chaque année, le Comité des régates internationales
de Paris distribue pour 6000 francs de prix environ.

Puisque nous parlons de grandes manifestations
nautiques, nous ne pouvons passer sous silence le
match à huit rameurs couru annuellement entre le
Rowing-Club et la Société nautique de la Marne.

Cette épreuve, qui ouvre généralement la saison nau-

Match à huit entre le Rowing-Club et la Société nautique de la Marne au pont de Sèvres.

tique, fut courue pour la première fois en 1880. Elle se réduisait alors à une course à quatre rameurs avec barreur, qui eut lieu également en 1881. Depuis 1882, la course se fait en outrigger à huit rameurs sur une distance de 7300 mètres environ. Le départ a lieu de la pointe de l'île au Point-du-Jour; l'arrivée se fait au pont de Suresnes.

En 1894, le parcours a été réduit à 6000 mètres, et le départ aura lieu désormais à Billancourt.

Nous indiquons ci-dessous la liste des gagnants du match annuel depuis sa fondation :

1880 — Rowing-Club (quatre rameurs avec barreur)
1881 — Rowing-Club   —   —
1882 — Société nautique de la Marne.
1883 — Société nautique de la Marne.
1884 — Rowing-Club.
1885 — Rowing-Club.
1886 — Société nautique de la Marne.
1887 — Rowing-Club.
1888 — Rowing-Club.
1889 — Société nautique de la Marne.
1890 — Société nautique de la Marne.
1891 — Société nautique de la Marne.
1892 — Rowing-Club.
1893 — Société nautique de la Marne.
1894 — Société nautique de la Marne.

En ne tenant compte que du résultat des courses à huit, la Société nautique de la Marne a huit victoires à son actif contre cinq au Rowing-Club.

Cette année (1894), un nouveau match annuel à huit rameurs juniors a été constitué à Paris entre la Société nautique de la Basse-Seine et la Société d'Aviron de Billancourt; il a été couru entre Puteaux et Asnières, et gagné par Billancourt, après une lutte des plus disputées.

Indépendamment des grandes épreuves, chacune des Sociétés d'aviron de France donne annuellement, comme nous l'avons dit, une journée de régates. Signalons, parmi les plus brillantes de ces réunions, celles de Boulogne, Calais, Amiens, Roubaix dans le Nord, de Lyon et Mâcon dans l'Est, de Bordeaux, Cognac, Bergerac dans le Midi, de Rouen dans l'Ouest, d'Orléans, de Tours dans le Centre.

Citons également le championnat de la Seine, organisé par le Rowing-Club de Paris, et celui de la Marne, qui est donné par la Société nautique de la Marne, à Joinville-le-Pont.

Les Comités organisateurs ne sont tenus à aucune obligation particulière quant à la nature et à l'importance des prix; mais ils doivent, pour tout ce qui touche à l'organisation proprement dite, se conformer au *Code des courses* de la Fédération dont nous donnons ci-après le texte, précédé de la convention qui en a sanctionné l'application générale pour toutes les Sociétés fédérées.

En dehors des régates fédérales, si nous pouvons nous exprimer ainsi, il existe des réunions toutes spéciales dirigées par des Comités indépendants. Les embarcations admises dans ces réunions ne sont pas désignées par le Code des courses de la Fédération française. Par suite, les courses données dans ces bateaux ne sont pas classées, ce qui revient à dire que leurs résultats ne comptent pas pour le classement des rameurs. Le Comité de la Société des Régates du Havre est au nombre de ces indépendants.

Un dernier mot sur cette classification des rameurs de course. Les rameurs sont divisés en deux classes générales : les *amateurs* et les *professionnels;* ces derniers, peu nombreux, ne pratiquent pas la course, et, malgré la fondation de prix spéciaux réservés aux hommes de métier, on n'a pu arriver à créer ou à organiser dans notre pays une corporation de *watermen* ou hommes de rivière, comme il en existe en Angleterre; cependant, depuis quelques années, plusieurs Sociétés nautiques ont cru devoir confier la direction de l'entraînement de leurs sociétaires à d'anciens rameurs de course, qui reçoivent, à cet effet, des émoluments mensuels, ou à forfait pour la saison.

Il est certain que la mission de ces *professeurs d'aviron* ne saurait être comparée à celle qui incombe aux *watermen* anglais, laquelle frise presque toujours la domesticité; néanmoins, comme ces anciens rameurs ne pourraient plus être admis dans les courses d'amateurs, on doit en conclure qu'ils ont réellement constitué une corporation spéciale et que le titre de *professionnels* ne saurait, dans ces conditions, porter atteinte à leur dignité ou à leur considération.

Les rameurs amateurs pratiquant la course se subdivisent en deux classes : les *juniors* et les *seniors.*

Les juniors sont également de deux catégories : les juniors de pointe et les juniors de couple.

Est junior en pointe tout rameur qui n'a pas remporté trois premiers prix en pointe avant le 1ᵉʳ janvier de l'année dans laquelle il court.

Est junior en couple tout rameur qui n'a pas remporté trois premiers prix en couple avant le 1ᵉʳ janvier de l'année dans laquelle il court.

Nous avons terminé l'exposé de l'organisation générale du sport de l'aviron en France, en ce qui concernait les Sociétés nautiques ; nous allons parler maintenant de cette organisation dans les écoles primaires, les lycées, les collèges et les universités.

Le Lendit au Bois de Boulogne.

CHAPITRE VI

L'AVIRON DANS LES ÉCOLES

Le Lendit

Lorsque la Ligue nationale de l'Éducation physique entreprit son œuvre régénératrice, l'aviron avait naturellement sa place marquée parmi les exercices auxquels ses pupilles seraient appelés à se livrer.

L'aviron est en effet le sport type, celui qui, médicalement parlant, présente peut-être les conditions les plus favorables au développement d'un adolescent. En bateau, tous les muscles principaux fonctionnent et, qui plus est, fonctionnent normalement. Comme l'a fort bien dit un médecin, auteur d'un ouvrage très apprécié sur la question, « la meilleure constitution est celle qu'on acquiert en ramant ». En voyant, dans la partie technique du présent volume, l'influence énorme des exercices nautiques sur les poumons, on comprendra facilement le développement qu'atteint chez la plupart des rameurs cet organe essentiel, bien atrophié, hélas, en général, par suite des conditions spéciales de vie que nous a créées la civilisation.

Malgré les avantages énormes et indiscutables que présente l'aviron, la Ligue n'était pas sans inquiétude sur l'accueil que les familles réservaient à cet exercice. Le premier concours d'aviron eut lieu en 1889 sur le lac du Bois de Boulogne, sans provoquer aucune objection sérieuse, et, dès l'année suivante, la Ligue avait la bonne fortune de s'assurer la collaboration du Cercle nautique de France, dont les membres, vétérans de l'aviron, se mirent résolument à l'ouvrage.

M. A. Lévi,
Secrétaire du Cercle nautique de France.

Grâce au Conseil municipal de Paris qui ne marchande jamais son appui moral et financier à toute œuvre haute et noble, on put acheter un certain nombre d'embarcations dont le type fut déterminé de façon à inspirer confiance aux parents tout en se rapprochant autant que possible du bateau de course utilisé dans les Sociétés. Les débuts furent pénibles, et la patience et l'énergie des instructeurs furent soumises à une rude épreuve. Ils sont aujourd'hui sûrs de la victoire.

Peu à peu, en effet, le lac du Bois de Boulogne, choisi comme premier champ d'exercice à cause des conditions de sécurité qu'il présente, a vu affluer sur ses berges une quantité de jour en jour plus considérable d'élèves.

Le Lendit. — Course à un rameur.

Aujourd'hui le nombre de ceux qui viennent prendre part aux exercices du jeudi et du dimanche matin s'élève à plus de cinq cents, tous pleins d'ardeur, encouragés qu'ils sont par la perspective de participer au Lendit.

Tous les ans, on le sait, la Ligue nationale de l'Éducation physique organise une série de concours ayant pour but de faire ressortir les progrès accomplis dans l'année en tous genres de sport, soit individuellement par chaque élève, soit collectivement par chaque établissement d'éducation. L'ensemble de ces concours, qui sont de véritables fêtes, prend le nom de Lendit.

En raison de la quantité considérable d'élèves rameurs, il est impossible de les admettre tous aux courses du Lendit. Aussi ne prend-on que les meilleurs, ceux qui ont satisfait aux épreuves éliminatoires. Ceux-là courent soit en yoles à un, soit en équipes à *quatre*, montées par des élèves d'un même lycée.

Voici ce que disait, à propos du Lendit de 1893, un journal spécial, *les Sports français:*

« Il est impossible de rêver rien de plus pittoresque et de plus animé que le grand lac du Bois de Boulogne, un jour de Lendit, avec son île toute verte et ses bords couverts en demi-cercle d'un quintuple rang de spectateurs où domine l'élément féminin.

« Pour peu qu'un rayon de soleil vienne percer de sa pointe d'or la tonalité multicolore des toilettes, la pourpre des tribunes et l'arc-en-ciel des maillots, c'est un spectacle féerique dont on ne peut se détourner si ce n'est pour assister à quelque *arrivée* émouvante longuement saluée par les acclamations de la foule; car, il faut le dire, les spectateurs sont en tout ceci bien plus passionnés que les rameurs lesquels doivent, sous peine de défaite, garder un sang-froid imperturbable (le calme est un muscle, a dit un grand rameur).

« Combien en avons-nous vus dimanche, de ces pères de famille, sérieux, donner à leur fils, avec l'autorité de leurs barbes grises, des conseils fort sages qu'approuvaient, d'un hochement de tête, mère, sœur et cousines rangées en cercle; puis, le vaillant rameur parti, toute la famille grimpant sur les banquettes et

Le Lendit. — Course à quatre rameurs.

perdant tout de suite le sang-froid qu'elle avait recommandé à son champion, dépensant en cris et en encouragements de toutes sortes (inutiles d'ailleurs) autant d'énergie qu'il en aurait fallu pour gagner trois courses successives. »

En 1893, un essai audacieux de courses scolaires maritimes fut tenté par le Cercle nautique de France, avec le concours de la Société des Régates du Havre; quatre équipes scolaires, composées des meilleurs rameurs et *nageurs* des collèges Charlemagne, Jansonde-Sailly, Buffon et de l'École des Arts décoratifs furent envoyées au Havre, où elles prirent part à une course à quatre en yoles de mer. Cette course, très émouvante, fut effectuée sur une mer démontée, et alors que, par ordre du Comité organisateur, les grands yachts avaient été rappelés au port pour cause de gros temps.

La presse havraise et les journaux parisiens rendirent hommage à la vaillance et à l'habileté des rameurs collégiens, et des officiers généraux de la marine félicitèrent hautement les organisateurs de leur initiative et des résultats obtenus.

Enfin, au Lendit de 1894, les bienfaits de la gymnastique nautique ont été étendus aux écoles primaires communales de la ville de Paris, et quatre équipes de *petits primaires* ont figuré dans les régates du Bois de Boulogne à côté de leurs aînés les scolaires. A la suite de cette manifestation, le Conseil municipal de Paris, sur la proposition de sa Commission de réforme de l'enseignement de la gymnastique, a décidé que des cours techniques et pratiques d'aviron seraient donnés aux élèves des écoles communales et à leurs professeurs par les soins du Cercle nautique.

Ces quelques lignes suffisent à montrer le progrès de l'aviron dans l'opinion publique, et l'intérêt qui s'attache à l'œuvre nautique de la Ligue de l'Éducation physique et du Cercle nautique de France.

Autrefois et aujourd'hui.

DEUXIÈME PARTIE

L'HISTOIRE DE L'AVIRON

(1830-1893)

CHAPITRE PREMIER

Il nous a paru intéressant de faire revivre dans l'esprit de nos lecteurs quelques-unes des grandes luttes et quelques-uns des grands lutteurs de l'aviron; nous avons dû nécessairement restreindre cet exposé à ceux de nos vaillants rameurs que leurs victoires ont placés hors pair. Le volume tout entier n'aurait pas suffi s'il avait fallu citer tous ceux qui se sont signalés par un dévouement sans bornes à la cause de l'aviron et qui auraient mérité, à ce titre, de voir leur nom figurer modestement à côté des célébrités dont nous allons passer en revue les hauts faits.

Pour plus de clarté, nous diviserons cet historique en quatre chapitres correspondant à des phases nettement tranchées.

De 1830 à 1859, c'est la période de tâtonnement et d'essai.

De 1859 à 1870, l'apparition des watermen anglais amène une révolution dans le style et dans la construction. La marche rapide des progrès nautiques, un instant interrompue par la guerre, reprend de 1871 à 1882.

A partir de 1882, la province, jusque-là bien en retard, commence à disputer chèrement la victoire à la capitale.

Ainsi que nous l'avons constaté en tête de ce volume, le sport nautique ou, pour mieux dire, le canotage français date de 1830: il eut pour berceau Paris et pour père Alphonse Karr, l'éminent romancier; c'est lui qui, le premier, découvrit que la Seine était le plus beau fleuve du monde et qu'il y avait, pour le Parisien artiste, autre chose à faire que de le regarder couler.

Nous avons cité plus haut les noms des propagateurs du sport nautique. Ce furent eux qui constituèrent la première Société de canotiers et mirent à la mode les promenades et les exercices nautiques.

Leur voyage au long cours, de Paris au Havre, fut un des grands événements de l'époque et bouleversa toutes les idées des bons bourgeois qui en lurent les péripéties dans les gazettes du temps.

Quelques années plus tard, Paris comptait plusieurs centaines de petites Sociétés ou équipes, et les ports de Bercy et d'Asnières devenaient les centres de réunion de tous les canotiers de haute ou de basse Seine.

C'est en 1834 que furent organisées à Paris, sur le canal de La Villette, les premières courses nautiques ou régates. Le succès de ces fêtes devint la cause d'une scission complète entre les amateurs; ils se divisèrent en deux camps. Les premiers, prenant la chose au sérieux, ne s'occupèrent plus que de luttes de vitesse; ils firent, en un mot, du véritable sport nautique; les seconds, ceux qui se contentaient de trouver dans ce divertissement une manière originale et facile de satisfaire leurs goûts pour les exercices champêtres, continuèrent d'y consacrer leurs loisirs et firent simplement du canotage.

Cette division s'accentua avec le temps, et, tandis que les équipes devenaient plus nombreuses, les groupes de promeneurs sur l'eau s'augmentaient dans une proportion de beaucoup plus considérable.

Le contraire paraît se produire aujourd'hui et le *sport* finira sans doute par l'emporter sur la *ballade*.

Les premières courses organisées en Seine, soit à Bercy, soit à Asnières, s'effectuèrent dans des canots de navire venant de Rouen ou du Havre et sortant des chantiers de constructions maritimes.

Aucune autre réglementation que celle du nombre d'avirons n'existait à ce moment; quelques amateurs, trouvant les bateaux de mer beaucoup trop lourds, s'ingénièrent à faire construire eux-mêmes, par des charpentiers ou des menuisiers parisiens, des bateaux en chêne de toutes formes et de toutes dimensions, marchant indistinctement à la voile ou à l'aviron. De 1834, époque de l'organisation de la première régate, à 1840, aucune direction ne fut donnée à la construction; aussi n'a-t-on conservé qu'un souvenir très vague des embarcations qui se firent remarquer dans les courses publiques de cette première période. Néanmoins, nous avons relevé, dans les Annales du canotage en France, publiées en 1838 par les fondateurs de la Société des Régates parisiennes, les noms suivants, que la notoriété nautique a signalés comme ayant été les plus souvent cités. Ce fut d'abord la *Flèche*, à M. Duchesne, inspecteur de la navigation, que l'on peut considérer comme un des premiers organisateurs des régates à Paris; puis vinrent l'*Aigle*, du Havre, à M. Gombault, la *Mouette*, à M. Picot père, l'*Ariel*, à M. Lefèvre, le *Port Saint-Paul*, à M. Baillet, *Amphitrite* et *Robert le Diable*, à M. Berthier.

En 1837, sur les instances de M. Duchesne, des courses nautiques ayant été comprises dans le programme des fêtes nationales de Juillet, toutes les équipes, constituées en ce moment à Paris, prirent part à cette première régate municipale et officielle. Parmi les embarcations inscrites, on remarque la *Vigie*, à M. Baillet, la *Madone* et le *Saint-Pierre*, à M. Hédouin, l'*Écumeur*, à M. L. More, devenu depuis l'une des personnalités les plus marquantes du sport nautique français, la *Flèche*, déjà nommée, construite à Nantes, et la *Sarcelle*, construite à Cherbourg.

De 1837 à 1840, les constructeurs parisiens, qui avaient nom Picot père, Baillet père, Hédouin, Dudoyer, firent de grands efforts pour créer des types d'embarcation exclusivement destinés aux courses à l'aviron.

Le rowing parisien n'existe donc véritablement pour nous qu'à dater de cette époque.

Aux canots courts et larges, bordant quatre avirons, avaient succédé les yoles étroites et longues; ces embarcations nouvelles marchaient à quatre, six ou huit avirons; elles avaient de 8 à 10 mètres de longueur sur 1 mètre à 1^m,20 de largeur; les équipes qui les montaient s'appelaient le *Papillon*, la *Vigie*, la *Parisienne*, l'*Éclipse*, la *Sorcière des Eaux*, la *Tartane*, la *Sirène*, l'*Atalante*.

Elles établirent la réputation naissante des rameurs amateurs parisiens, qui bientôt battaient facilement, soit en rivière, soit en mer, les marins de l'État, les mariniers de la Seine et les lamaneurs de nos ports.

C'est à la célèbre équipe de la *Sorcière des Eaux*, composée de MM. Vasseur aîné, chef de nage, Alfred Duchesne, 2, Saint-Martin, 3, Lacombe, 4, Racarie, 5, Vasseur jeune, 6, et L. More, barreur, que revient l'honneur d'avoir battu deux fois de suite, dans des matches courus à Neuilly et à Saint-Cloud, en 1845, les marins d'élite de l'État-major de la flotte, amenés à Paris par le prince de Joinville.

L'importance de cette double victoire, le retentissement qu'elle eut dans tous les ports de France doivent faire considérer la *Sorcière des Eaux* comme la première de nos grandes équipes.

Nous avons tenu à rendre cet hommage à M. Lucien More, doyen des rowingmen et des yachtsmen français, et dont le dévouement à notre sport ne s'est pas démenti depuis un demi-siècle.

Nous avons dit précédemment que, sauf pour la série des yoles, aucune classification sérieuse n'avait pu être établie dans les différentes embarcations prenant part aux régates et qui, jusqu'alors, se faisaient inscrire au moment même de la course.

C'est seulement vers la fin de la saison nautique de 1844 que deux amateurs parisiens, MM. Bœringer et Perrin, conçurent le projet d'organiser une véritable régate comprenant des courses par séries d'embarca-

tions similaires; ces courses eurent lieu à Saint-Cloud;
les prix, offerts par le prince de Joinville, consistaient
en médailles et objets d'art; les inscriptions, faites à
l'avance, avaient permis d'imprimer un programme
donnant le nom et la couleur des concurrents.

Ce programme compre-
nait des courses en canots
à deux et quatre rameurs,
une course pour canots-
yoles à quatre, et une dernière course pour les yoles
à six et huit rameurs.

Le succès de cette réu-
nion fut complet, et son
organisation servit de modèle à toutes celles qui
furent données depuis à
Paris.

En 1846 eut lieu la dis-
solution de l'équipe de la
Sorcière des Eaux. Deux de
ses concurrentes, la *Tartane* et l'*Atalante*, marché-
rent sur ses traces; c'est
également dans le cours de

M. L. More.

cette année qu'un amateur anglais, M. John Arthur,
ayant fait venir de Londres un outrigger à quatre
avirons, crut pouvoir porter un défi à tous les rameurs
parisiens.

L'équipe de l'*Atalante*, montant une yole à huit
rameurs construite par Baillet, releva le défi et battit,
à Neuilly, l'équipe anglaise, qui était cependant partie
grande favorite.

En 1847 et 1848, il n'existait plus que deux types de bateaux de course : le canot bordant quatre avirons, ayant en largeur le quart de sa longueur, et la yole bordant huit avirons.

Dans la première série, nous voyons se distinguer les équipes de l'*Ariel*, du *Furet*, et naître celle de la *Velléda;* dans la série des yoles, la *Sirène* et la *Tartane* continuent à disputer le premier rang à l'*Atalante;* cette dernière équipe gagne les courses de yoles aux régates du Havre.

Après la révolution de février 1848, les équipes de l'*Atalante,* de l'*Argonaute,* du *Corsaire* et du *Rhin* se distinguent dans les courses de canots des régates de Paris et de Rouen.

Les canots-yoles reviennent en faveur et sont représentés par les équipes de la *Velléda,* du *Sans-Souci* et de la *Desdémona.*

La *Française* et la *Juive* restent seules dans la série des yoles. Cette dernière équipe se couvre de gloire dans les régates maritimes du Havre et de Dieppe, de 1849 à 1850.

Pendant les années 1850 et 1851, la supériorité des courses de canots reste à l'*Argonaute,* à l'*Atalante* et au *Corsaire* monté par l'équipe de la *Velléda.*

La même *Velléda* et le *Sans-Souci* arrivent toujours premiers et seconds dans les courses de canots-yoles. Le discrédit dans lequel sont tombées les yoles ne permet plus d'organiser des courses de cette série.

On arrive ainsi à l'année 1852. A l'occasion de la fête du 15 août, l'infatigable M. Duchesne, consulté par l'Administration, trouve le moyen d'établir les régates de Paris, en associant les canotiers à une grande démonstration navale, dans laquelle figurent toutes les équipes de la capitale et deux cents marins venus de Cherbourg. Le succès de cette fête décide la Ville à inscrire une somme de 10 000 francs pour l'organisation annuelle des régates internationales de Paris, qui prennent définitivement ainsi leur caractère d'institution municipale.

Les régates de cette même année, tant à Paris qu'en province, sont, pour la *Velléda*, une série de triomphes ; elle continue à battre en canots l'*Argonaute*, l'*Atalante*, l'*Enfer*, etc., etc. En canots-yoles, elle arrive également toujours première devant le *Sans-Souci* et l'*Ariane*.

Malgré le nombre considérable d'équipes existant à Paris, pas une ne peut résister à la *Velléda*, qui seule se livre à un entraînement régulier et acquiert ainsi une supériorité écrasante sur toutes ses rivales.

Au commencement de l'année 1853, à la suite d'une réunion des délégués des principales équipes de la capitale, sous la présidence de M. Duchesne, se constitua le Comité provisoire de la Société des Régates parisiennes ; le 10 février, la Société était autorisée et, dans ses assemblées générales des 13 et 24 mars suivant, elle nommait son Conseil d'administration sous la présidence de M. Lucien More.

Dans ses premières réunions, la Société des Régates, rompant avec la routine, acceptait, pour la première fois, dans ses courses, les embarcations en bois de sapin et acajou qui, jusqu'alors, en avaient été exclues comme trop légères. Dans le cours de cette même année, un groupe d'amateurs anglais, dirigés par MM. de Châteauvillard et John Arthur, se faisaient recevoir à la Société des Régates et fondaient le Cercle nautique d'Asnières, dont les équipes immédiatement organisées et montant des embarcations construites en

Angleterre prenaient part, sous le nom d'*Éva*, à toutes les courses de la Société des Régates, et engageaient, avec les rameurs de la *Velléda*, du *Sans-Souci*, en canots-yoles, et ceux de la *Velléda* et du *Lutin*, en canots, une série de luttes mémorables qui exercèrent une très grande influence sur le style et l'entraînement des rameurs parisiens.

De 1853 à 1855, ces quatre équipes furent presque seules à composer les programmes des régates de Paris. Cette belle épopée se termina par la suprématie définitive de la *Velléda* et la constitution d'une équipe anglo-française, composée des meilleurs rameurs de l'*Éva* et de la *Velléda* qui, sous le nom de *Duc de Framboisie*, se fit construire, par Philippe Sylvestre, de Neuilly, une yole spéciale pour la mer, dont les succès portèrent à leur apogée la réputation des rameurs et celle des constructeurs parisiens.

Le championnat de la Seine, fondé par la Société des Régates l'année même de sa constitution, est gagné successivement en 1853, 1854, 1855 et 1856 par M. Frédéric Lowe, membre du Cercle nautique d'Asnières.

L'année 1855 vit se fonder à Bercy une Société nouvelle qui vécut dix années.

A la première assemblée générale de la Société des Régates parisiennes, en 1856, se produit un fait considérable : les vieux errements sont abandonnés ; il n'y a plus que deux catégories d'embarcations : les yoles sans porte-nage et les outriggers.

Cette nouvelle classification commence une ère de tâtonnements pour la construction des bateaux de course et aussi pour la formation de nouvelles équipes ; la *Velléda*, l'*Éva*, le *Sans-Souci*, le *Lutin* se démontent ;

les courses de Paris perdent par cela même de leur intérêt; cependant le *Duc de Framboisie* continue en province ses tournées triomphales; il y est suivi par les jeunes équipes de l'*Étourdi* et de l'*Alphée*.

En 1857, un grand nombre d'équipes à deux et à quatre apparaissent dans les courses de Paris. Celles du Cercle nautique d'Asnières, qui réunissent sous leur guidon quelques anciens rameurs de la *Velléda* et de l'*Éva*, disputent les principales courses aux équipes du *Sans-Souci* et du *Lutin* reconstituées avec l'adjonction d'éléments plus jeunes. Le *Duc de Framboisie*, au Cercle nautique d'Asnières, qui, depuis 1854, n'avait pas rencontré de rival dans les courses de yoles à six, veut ter-

M. Louis Armet.

miner sa carrière en portant un défi à toutes les Sociétés nautiques de France et en offrant au vainqueur un prix de 3000 francs. Ce défi, relevé par Rouen et Bordeaux, est couru le 28 juin 1857, à Saint-Cloud; l'équipe du *Duc de Framboisie*, montant le *Biscuit*, yole neuve de Philippe, est battue dans deux manches consécutives par les jeunes rameurs de la *Néva*, de Rouen, montant une yole construite par Lecœur, de la même ville.

Quelque temps après, l'équipe du *Duc de Framboisie* succombe une troisième fois, aux régates de la Bouille, vaincue par la même *Néva ;* la plupart de ses membres abandonnent alors le rowing de course et l'équipe se dissout.

Aux régates internationales de Paris, M. Louis Armet, rameur de la *Velléda* et du *Duc de Framboisie,* gagne, pour la première fois, le titre de champion de la Seine.

Après la défaite du *Duc de Framboisie,* des luttes sans attrait se continuent à Paris ; mais aucune grande et sérieuse équipe ne s'impose réellement jusqu'à l'apparition des équipes de pêcheurs, constructeurs et mariniers, la *Flammèche* et l'*Express-Train,* patronnées par MM. Caillez et Kalprenner, qui constituèrent, à elles deux, le véritable règne des *watermen* ou rameurs de profession parisiens. Ces deux équipes prirent part à un grand nombre de courses tant à Paris qu'en province et partout triomphèrent aisément.

Régates de Rotterdam (1860)
d'après un dessin de M. A. Fleuret.

CHAPITRE II

Ce fut à ce moment que M. John Arthur, amateur anglais, dont nous avons déjà eu l'occasion de citer le nom, voyant le rowing français uniquement représenté par des équipes de professionnels, conçut le projet de faire venir à Paris des watermen de la Tamise.

Il est bon de faire remarquer qu'à cette époque aucune classification n'avait été créée pour les rameurs; les constructeurs, les pêcheurs, les mariniers couraient indistinctement contre ou avec les amateurs.

M. John Arthur fit donc construire à Londres une série de bateaux légers en sapin et acajou, avec lesquels les watermen anglais battirent, presque sans lutte, toutes nos équipes françaises montant des embarcations inférieures; ceci se passait en 1858; les watermen anglais firent à Paris, dans toutes les courses dirigées par la Société des Régates, ainsi qu'à Rouen et au Havre, une véritable moisson de premiers prix et s'en retournèrent à Londres très satisfaits de leur facile campagne.

Pendant l'hiver qui suivit, une véritable fièvre de revanche s'empara de tous les amateurs et constructeurs parisiens, et, dès le commencement de la saison de 1859, les watermen londoniens, croyant à des victoires aussi faciles que celles de l'année précédente, se trouvèrent cette fois en présence d'équipes nouvelles, bien entraînées, qui prouvèrent aux professionnels anglais qu'à bateau égal, il fallait compter avec les rameurs parisiens; à deux, l'équipe du *Trilby*, à quatre, celle du *Pingouin* leur disputèrent vaillamment la première place aux régates de Paris et de Saint-Cloud. Après cette seconde campagne, ils quittèrent la France moins glorieux et leurs bateaux furent achetés par le Rowing-Club de Paris, Société exclusivement composée d'amateurs, qui ne devait pas tarder à faire parler d'elle.

La résistance de la Société des Régates parisiennes et celle du Sport nautique de la Seine à l'adoption d'un règlement excluant les professionnels des courses d'amateurs, amenèrent la fondation de cercles spéciaux : à côté du Rowing-Club déjà nommé vint se créer la Société de l'Émulation nautique. La constitution de ces deux Clubs et leur organisation calquée sur celle des *Boats-Clubs* anglais eurent pour conséquence immédiate de modifier la composition des équipes parisiennes; des mains des hommes de rivière la suprématie revint de nouveau dans celle des amateurs ; la *Lutèce*, le *Pêle-mêle*, équipes du premier Rowing-Club, se couvrirent de gloire pendant quatre années ; ce fut l'époque des grandes victoires à l'étranger et à Paris, celle des courses réunissant dix-huit et vingt bateaux en ligne de départ; en un mot, de la fondation du Rowing-Club par M. A. Fleuret et ses amis date véritablement l'ère du rowing d'amateurs en France.

Parmi les faits nautiques les plus intéressants de cette époque, il nous faut citer la première victoire des amateurs français à l'étranger qui fut celle de Rotterdam (Hollande), en 1860. L'équipe de l'*Alma*, représentant la Société des Régates parisiennes, était composée de MM. Georges Avrial et Denis Foulc, des Régates parisiennes,

M. Fleuret.

Adrien Fleuret et Jules Yvon, du Rowing-Club, ayant pour barreur M. Charles Yvon, de la même Société. Le Rowing-Club gagna également, en 1860, les courses du Havre à quatre et six rameurs; son équipe à deux, la *Lutèce*, fut invincible dans les régates de Paris et des environs.

M. Armet gagna pour la quatrième fois la course du championnat de la Seine.

En 1861, les trois Sociétés de basse Seine s'unirent pour lutter contre le Sport nautique de la Seine, qui, profitant de la réorganisation de la Société des Régates parisiennes et de l'exclusion qu'elle dut prononcer contre les professionnels, avait réussi à enlever à sa rivale une partie des régates de la banlieue de Paris; le Rowing-Club, toujours prépondérant, continua en province et à l'étranger le cours de ses succès. Cette année 1861 marque également la première campagne des amateurs français en Belgique; la *Lutèce*, au Rowing-Club de Paris, gagna à Gand la course des yoles à quatre rameurs dans une vieille embarcation parisienne tellement inférieure à ses concurrentes que le Comité gantois avait cru devoir, par courtoisie, mettre avant la course une de ses yoles anglaises à la disposition de l'équipe française.

A Paris, les équipes de la *Lutèce* et du *Pêle-Mêle*, au Rowing-Club, de la *Risette* et de la *Dragonnette*, à l'Émulation nautique, de l'*Alma* et de la *Fiorella*, aux Régates parisiennes, se disputaient les courses réservées aux amateurs et organisées par cette dernière Société; le Rowing-Club, à l'exemple des Sociétés hollandaises et dans le but de faire échec aux rameurs du Sport nautique de la Seine, s'était assuré, depuis 1860, le concours d'une équipe de pêcheurs-constructeurs dirigée par les frères Descoins; cette équipe, qui, sous le nom de *Duc Job*, représenta le Rowing-Club dans toutes les régates maritimes, se rencontrait dans les régates publiques de Paris avec celles du Sport nautique de la Seine, dont les plus célèbres s'appelaient alors l'*Abeille*, l'*Hébé*, la *Prima Vera*, l'*Évohé*.

L'état d'hostilité dans lequel vécurent les équipes de haute et basse Seine, pendant la lutte engagée entre les Comités de leurs Sociétés, ne nous a pas permis de conserver des notes suffisamment exactes sur les travaux et succès des équipes du Sport nautique; d'ailleurs, à quelques exceptions près, les résultats généraux des courses effectuées par elles furent presque toujours favorables à leurs rivales de basse Seine; nous ne mentionnerons également que pour mémoire l'organisation par le Sport nautique d'un championnat spécialement réservé aux rameurs de haute Seine et dont MM. Tellier aîné, notre dévoué constructeur parisien, et Ricard, rameurs de l'*Abeille*, furent les principaux titulaires.

Pendant que le *Duc Job*, admirablement entraîné par le Comité du Rowing-Club, triomphait finalement des rameurs de haute Seine, les rameurs amateurs du même Club maintenaient leur supériorité sur les équipes des deux autres Sociétés de basse Seine.

En 1862, l'Émulation nautique fusionna avec la Société des Régates parisiennes, et le Rowing-Club, invincible en haute et basse Seine, ajouta à ses nombreuses victoires celles de Liège, d'Anvers, de Dieppe, du Havre et de Fécamp.

M. Armet, vainqueur du championnat depuis 1857, le cédait, en 1862, à M. Edmond Gamby, des Régates parisiennes.

De 1858 à 1861, les courses à l'aviron s'étaient presque exclusivement effectuées dans des embarcations de type anglais; mais, pendant l'hiver de 1861, le Rowing-Club se fit construire, par Picot, d'Asnières, une yole nouvelle en bois de grisard, d'un seul bordage, qui devint, pour les équipes juniores et seniores du Cercle, l'occasion de tels triomphes que, de tous côtés, la *yole-gig* française fut substituée aux *funnys* anglais; à partir de ce moment, la construction des canots de course et de promenade devint une industrie parisienne, et, de Nogent-sur-Marne à Bougival, vingt constructeurs établirent successivement des chantiers ou ateliers dont l'importance n'a fait qu'augmenter d'année en année.

C'est dans cette yole que débuta, en 1862, la jeune

équipe juniore, l'*Adda*, qui partagea avec l'équipe seniore, la *Lutèce*, et l'équipe des professionnels *Duc Job*, les glorieux succès du premier Rowing-Club de Paris.

Presque en même temps que l'*Adda* apparaissait en Seine une équipe de jeunes amateurs, résidants anglais, qui, sous le nom de *Persévérance*, devait bientôt prendre rang au milieu des plus célèbres équipes de la capitale.

En 1863, la lutte entre le Sport nautique de la Seine et les Sociétés de basse Seine s'était encore accentuée ; le Rowing-Club, jalousé par ses rivaux, avait dû se séparer de son équipe de professionnels ; ses sociétaires continuaient à gagner toutes les courses d'amateurs ; les anciens de la *Lutèce* se retiraient peu à peu, remplacés par les jeunes rameurs de l'*Adda*.

Dans cette même année, M. Louis Huot, membre du Rowing-Club, gagnait à Saint-Cloud la course du championnat, battant M. Gamby, précédent champion, ainsi que MM. E. Frébault et Gesling, de l'équipe *Persévérance*, qui, vers la fin de cette saison, se distinguèrent dans les courses de seniors.

L'année 1864 voit grandir la réputation de la *Persévérance*, dans les régates de Paris et des environs. Cette équipe se fait inscrire au Rowing-Club et prend part aux régates de Liége où, montant des embarcations inférieures, elle est battue par l'équipe belge le *Lustucru*, munie de bateaux anglais d'une grande légéreté ; aux régates internationales du 15 août, le *Lustucru* vient à Paris et renouvelle son succès de Liége dans la course à quatre rameurs.

Aux régates de Saint-Cloud, M. E. Frébault enlève le championnat à M. Huot.

Au commencement de 1865, la *Persévérance* commande en Angleterre une série de bateaux semblables à ceux du *Lustucru;* elle affirme à Paris sa supériorité sur toutes les équipes de haute et basse Seine ; elle prend à Liège une éclatante revanche de son insuccès de 1864 et se place, en province et à l'étranger, sur le même rang que la *Lutèce*, à laquelle elle succède. A Paris, elle a pour principale rivale la *Dame Blanche*, du Sport nautique de la Seine. Aux régates internationales du 15 août, l'équipe belge *Lustucru* subit à Paris un deuxième échec; au mois de septembre suivant, M. Frébault devient une seconde fois champion de la Seine.

Vers la fin de cette année, la Société des Régates parisiennes propose au Rowing-Club une alliance intime, et,

M. Frébault.

à la suite de plusieurs réunions, la fusion des deux Sociétés est votée. La section d'aviron de la Société des Régates prend définitivement le titre de Rowing-Club des Régates parisiennes. Cette fusion fut le signal d'un mouvement de propagande et de prospérité sans exemple dans l'histoire du rowing français. L'activité et le dévouement du Comité du Rowing-Club ne tarda pas à porter ses fruits. L'exercice 1866 fut, en effet, le plus important que la Société des Régates parisiennes ait eu à inscrire dans ses annales ; au printemps de cette année, la Ville de Paris autorisa, pour la première fois, l'organisation de régates sur le lac du Bois de Boulogne. Le succès de ces réunions engagea la Commission impériale de l'Exposition de 1867 à comprendre dans son programme une classe spéciale pour la navigation de plaisance et à consacrer une somme de 20 000 francs aux régates de l'Exposition.

Les régates de 1866 furent des plus brillantes. Un grand nombre d'équipes juniores et seniores nouvellement formées prirent part aux courses données par le Rowing-Club. Chaque série comprenait des départs de dix-huit, vingt et vingt-deux bateaux.

La *Persévérance*, alors dans toute sa force, n'avait pour rivale, à Paris, que deux équipes : *Mon Étoile*, qui, grâce à un entraînement sérieux et une nage excellente, lui enlevait de temps à autre quelques premiers prix, et la *Gauloise*, montée par des rameurs de haute Seine. En province et à l'étranger, elle ne trouvait plus de concurrents, si ce n'est dans le *Gladiateur*, équipe à six de Saint-Pierre-lez-Calais, qui cependant dut s'incliner devant sa supériorité. La course annuelle du championnat fut, en 1866, des plus intéressantes; MM. E. Frébault et R. Gesling se la disputèrent avec acharnement; l'avantage resta au champion en titre.

Nous ne terminerons pas l'année 1866 sans rappeler la belle victoire remportée à Cherbourg par l'équipe de la *Gauloise* sur celle des marins du Préfet maritime. La yole de l'équipe parisienne, non pontée, ayant coulé pendant la course à quatre, un match fut organisé pour le lendemain et gagné brillamment par la *Gauloise*, qui, dans une troisième course, effectuée en changeant d'embarcations, battit, une fois de plus, les meilleurs marins de la flotte, dans leur propre bateau et avec leurs propres avirons.

L'année 1867, que beaucoup de vétérans appellent

encore la grande année, restera célèbre non seulement en raison de l'importance des régates internationales de l'Exposition, qui réunirent à Paris l'élite des rameurs des deux continents, mais encore par la participation des représentants du Sport nautique français à l'Exposition universelle du Champ de Mars. Nous croyons intéresser nos lecteurs en leur donnant la composition du Comité qui procéda à l'installation de la classe 66 *bis*, affectée spécialement au sauvetage et à la navigation de plaisance, et organisa les grandes régates internationales à la voile et à l'aviron d'Argenteuil et de Saint-Cloud.

Ce Comité était ainsi composé :

Comité supérieur. — Président : M. Gabriel Benoît-Champy ; membres : MM. Lucien More, Eugène Pérignon, Adrien Fleuret, Ch. Dassy, A. Carpentier, Gilbert Viard, A. Bruyère, lieutenant de vaisseau, E. Pothier, capitaine à l'état-major particulier de l'artillerie.

Comité des courses à l'aviron. — Président : M. Adrien Fleuret ; membres : MM. Léon Soyer, Saint-Germain, Antoine Verdier, Paul Than, Joseph Ployer, Ernest Gélot.

Les régates internationales à l'aviron eurent lieu les 7, 8, 10, 11, 12 et 13 juillet, entre les ponts de Saint-Cloud et de Suresnes. Les deux premières journées étaient consacrées aux courses françaises dirigées par le Comité ci-dessus désigné. Les courses des dernières journées furent données sous la direction d'une Commission anglaise, d'après un programme établi par les principaux Clubs de l'Angleterre et comprenant des courses en outriggers en ligne droite pour watermen et amateurs. Voici quels furent les résultats des principales épreuves des courses françaises, dans lesquelles les rameurs parisiens de *Persévérance*, *Mon Étoile* et *Gauloise* se montrèrent, à bateau égal, supérieurs à leurs rivaux étrangers :

Skiffs. — 1, M. R. Gesling, du R.-C. des Régates parisiennes; 2, M. W. Stout, London R.-C.

Gigs à deux rameurs. — 1, *Gauloise*, R.-C. des Régates parisiennes; 2, *Lustucru*, R. S. N. de la Meuse, Liège; 3, *Mon Étoile*, R.-C. Paris.

Non placés : *Persévérance*, au R.-C. Paris; *Sagitta*, E. N. de Boulogne-sur-Mer, et une équipe de l'Oxford University Boat-Club. *Persévérance* avait abandonné.

Gigs à quatre rameurs. — 1, *New-Brunswick*, Saint-James Boat-Club, Canada; 2, *Persévérance*, R.-C. des Régates parisiennes. Les rameurs canadiens montaient une embarcation gouvernée sans barreur, et ne durent qu'à cet énorme avantage les succès qu'ils remportèrent sur les équipes françaises et anglaises qui commirent la maladresse de les admettre dans ces conditions. Venaient ensuite : *Mon Étoile*, Paris; *Lustucru*, Liège; *Gauloise*, Paris; *The Dolphin*, Brighton.

Gigs à six rameurs. — 1, *Persévérance*, R.-C. Paris; 2, *Liane*, E. N. Boulogne-sur-Mer.

Non placé : *The Dolphin*, de Brighton.

Outriggers à quatre rameurs. — 1, *New-Brunswick*, Saint-James B.-C. Canada; 2, *London*, R.-C.

Non placés : *Persévérance*, R.-C. Paris; *Oxford*, U. B.-C. Germania, R.-C. Hambourg; *Liane*, E. N. Boulogne-sur-Mer.

Périssoires. — 1, *Rose*, M. H. Gesling, R.-C. Paris; 2, *Cigarette*, à M. S. Cailleux, S. N. Abbeville, *ex æquo* avec *Pile ou Face*, à M. Membrin, R.-C. Paris.

Les courses de juniors furent toutes gagnées par

les équipes du Rowing-Club des Régates parisiennes.
Le montant des prix distribués dans ces deux journées s'éleva à 8300 francs, y compris une somme de
1300 francs provenant des entrées.

Après le départ des rameurs du Saint-James Boat-
Club, il fut reconnu que cette équipe était entièrement
composée de watermen et non d'amateurs, comme
l'avaient certifié, à tort, les autorités anglaises du
Canada et les Clubs d'amateurs de la Tamise.

L'échec de la *Persévérance*, dans sa course contre les
Canadiens, amena à sa suite plusieurs défis portés à
l'équipe parisienne par des rowingmen de province. Le
plus important et le plus sérieux fut celui couru à Saint-
Cloud au mois de septembre suivant, entre une équipe à
six montée par des pêcheurs de Marseillan, petit port de
l'étang de Thau, près Cette, et l'équipe de la *Persévérance*, composée pour la circonstance de trois de ses anciens équipiers, auxquels se joignirent trois rameurs de
Mon Étoile; les amateurs parisiens, insuffisamment pré-
parés, perdirent la course après avoir tenu la tête une partie du parcours. Le montant du pari était de 4000 francs.

Comme contre-partie de cet échec, on doit enregis-
trer à l'actif de la *Persévérance* la brillante victoire de
M. Henri Gesling dans les Juniors sculls des Metropolitan Regatta. Inscrit à tout hasard, M. H. Gesling
arriva à Londres sans aucune préparation, monta un
skiff de location et battit tous ses concurrents avec une
extrême facilité. Cette victoire du sculler parisien fut
une indication de la supériorité réelle des rameurs
français dans la nage en couple sur leurs rivaux
anglais; cette indication reste acquise et ne saurait
être contestée, malgré les entraves apportées aux
rencontres nautiques entre Anglais et Français.

Comme en 1866, le championnat de 1867 resta à M. Frébault, qui abandonna aussitôt après le rowing et les courses.

Aucun fait important ne signale la saison nautique de 1868. Les deux équipes *Mon Étoile* et *Persévérance*, s'étant démembrées, se reconstituèrent sous le nom de cette dernière et continuèrent la série de leurs brillants succès. Parmi les équipes qui luttèrent contre elle à Paris, la *Gauloise*, les *Francs-Tireurs* et la *Miss Aurore* sont les seules qu'on puisse signaler.

M. Gesling.

La retraite de M. E. Frébault laissait M. R. Gesling maître de la course du championnat de 1868, qu'il gagna facilement.

A la fin de la saison eut lieu la dissolution du Sport nautique de la Seine ; le Rowing-Club des Régates parisiennes resta donc vainqueur dans la lutte qui durait entre ces deux Sociétés depuis treize ans.

Un événement non moins important termine l'exercice 1868 ; un désaccord s'étant élevé entre les deux sections de voile et d'aviron de la Société des Régates parisiennes, relativement à la répartition des charges résultant des régates internationales de 1867, les deux sections se séparèrent ; le Sailing-Club fusionna avec le Cercle de la Voile de Paris, le Rowing-Club resta en possession du titre des Régates parisiennes, titre qu'il a conservé jusqu'à ce jour.

Au printemps de l'année 1869, Paris comptait encore au nombre de ses équipes celles de *Persévérance* et *Mon Étoile*; les deux rivales se rencontrèrent une dernière fois aux régates d'Amiens et se partagèrent les premiers prix de cette réunion qui devait terminer leur carrière. A Paris, la *Gauloise*, le *Loyal* et la *Miss Aurore* se distinguèrent tour à tour; dans les courses de l'arrière-saison, cette dernière équipe commença à prendre rang et à montrer sa supériorité.

M. R. Gesling remporta sans difficulté, en 1869, la course annuelle du championnat.

Les trois équipes désignées ci-dessus se retrouvèrent en ligne aux premières courses de l'année néfaste 1870. *Miss Aurore*, qui, pendant l'hiver, s'était livrée à un entraînement des plus rigoureux, était devenue beaucoup plus forte que ses rivales; elle remporta tous les premiers prix des régates de Paris, de la province et de l'étranger, qui eurent lieu entre le mois de mai et le mois d'août. Comme la plupart des rameurs français, ceux de la capitale durent quitter l'aviron pour le fusil, et, par une coïncidence assez étrange, presque tous furent faits prisonniers au meurtrier combat du Bourget. Il n'y eut, en 1870, on le sait, ni régates internationales à Paris, ni course du championnat.

Le championnat de France, à Argenteuil.

CHAPITRE III

Après la guerre et vers la fin de 1871, le Rowing-Club fut reconstitué par son ancien président, M. A. Fleuret, et par M. Jung, président honoraire des Régates parisiennes ; un Comité provisoire fit courir le championnat, gagné une fois de plus par M. R. Gesling, et organisa une journée de courses dans laquelle se retrouvèrent en ligne, à quatre rameurs, *Miss Aurore* et le *Loyal*, la *Gauloise* ne courant plus qu'en skiff et à deux rameurs.

Dans le cours de l'année 1872, la *Miss Aurore* eut encore la prépondérance ; le *Loyal* lui disputa cependant plusieurs courses et réussit à lui enlever quelques premiers prix. Ces deux équipes continuèrent, en province et à l'étranger, la tradition des grandes équipes parisiennes.

La course du championnat, qui fut gagnée pour la quatrième fois par M. R. Gesling, termina la saison nautique.

En 1873, une nouvelle équipe, composée en grande partie des rameurs du *Loyal*, se constitua sous le nom de *Lutèce;* cette équipe représenta très honorablement le Rowing-Club dans les régates de province et de Belgique. *Miss Aurore* lui tint tête dans les courses de la capitale et des environs et remporta encore de nombreux succès dans les régates du littoral de la Manche. M. R. Gesling ajouta le championnat de 1873 à ses victoires précédentes.

L'année 1874 vit se former, en Marne, une équipe à quatre rameurs qui, sous les noms de *Port-à-l'Anglais* et de *Haute-Seine*, se présenta dans les courses à côté de *Lutèce; Miss Aurore* ayant abandonné la lutte et ne participant plus qu'aux régates du Havre et de Dieppe, ces deux équipes restèrent seules les maîtresses des régates organisées en Marne ou en Seine. La *Lutèce* se démonta, d'ailleurs, à la fin de la saison.

La course du championnat à Neuilly-Saint-James, en 1874, fut gagnée par M. R. Gesling, battant MM. Monney, Gaudin et Fournaise, ainsi que M. Lein, qui s'y présentait pour la première fois.

Le rowing ne fut pas très brillant en 1875, du moins en ce qui concerne les courses de seniors, les seules dont nous nous occupions surtout dans cette revue rétrospective du rowing; la *Lutèce* parut encore à deux rameurs dans les régates du printemps; à quatre, *Haute-Seine* n'eut pas de concurrentes, et, le plus souvent, pour avoir droit au prix, elle dut se mettre en ligne dans les courses réservées aux juniors. Cependant elle remporta les premiers prix aux régates d'Amiens et de Calais, et, vers la fin de la saison, elle soutint de très belles luttes contre la *Nouvelle*, équipe organisée par quelques-uns des anciens équipiers de *Miss Aurore*.

De l'année 1875 datent la fondation du Cercle nautique de France et l'organisation, par cette Société, de la course annuelle du championnat de France.

Un incident fâcheux survenu au moment de l'inscription de M. Gesling ne permit pas à ce rameur de prendre part à la course du championnat de la Seine, qui fut gagnée par M. Monney. Les amis de M. Gesling constituèrent alors une nouvelle Société, qui prit le nom de Cercle nautique de France, et le premier acte de la Société fut de créer le championnat de France, dont le succès ne fait que croître d'année en année.

C'est de 1876 que datent les premières victoires des équipes organisées sous la direction de M. A. Lein; la *Promise*, à deux rameurs, avait pris place à côté de *Port-à-l'Anglais* et commençait la glorieuse série des succès du champion de France; la *Haute-Seine* conserva cette année encore sa suprématie; un échec lui fut cependant infligé à Liège par l'*Indifférent*, équipe du Royal Sport nautique de Bruxelles.

Comme d'usage, la plupart des courses de province du nord de la France et les régates maritimes furent gagnées par les équipes parisiennes *Haute-Seine* et *Miss Aurore* qui se remontait annuellement en vue des courses à la mer.

Cependant quelques équipes de province se signalèrent d'une façon particulière; citons : le deux junior

Aïda du Sport nautique de Lille et le quatre junior *Dimitri* de la même Société; la *Liane* de l'E. N. de Boulogne-sur-Mer et la *Gauloise* du S. N. d'Abbeville.

Le championnat de 1876, organisé par le Cercle nautique de France, sous la dénomination de championnat de France, fut gagné pour la première fois par M. A. Lein.

La fin de cette même année se signale par la fondation de la Société nautique de la Marne, sous les auspices et avec le concours du Cercle nautique. Peu de Clubs d'aviron eurent des débuts aussi brillants que ceux de la Société nautique de la Marne; dès le printemps de 1877, elle mettait en ligne une équipe à six ayant nom l'*Impromptu*, et composée des six meilleurs scullers de France; cette

M. Lein.

équipe participa brillamment aux régates données à Anvers à l'occasion du centenaire de Rubens; elle remporta également tous les premiers prix des régates de Bruxelles, de Bordeaux et de Boulogne-sur-Mer.

A Paris, elle eut pour concurrente l'équipe du *Salvator*, courant sous le pavillon du Rowing-Club, et dans laquelle figuraient encore deux rameurs de *Miss Aurore*.

Afin d'éviter le retour des conflits auxquels pouvait

donner lieu la direction des régates des villes riveraines de la Marne et de la Seine, un traité d'union fut signé, dans le courant de 1877, entre les trois Sociétés parisiennes ; par ce traité, la Société nautique de la Marne se réservait la direction des régates de la Marne et de la haute Seine ; le Rowing-Club s'attribuait celle des régates de la basse Seine et de l'Oise ; quant au Cercle nautique de France, il conservait l'organisation de la course annuelle du championnat ; les régates données dans l'intérieur de Paris devaient être dirigées en commun par les trois Sociétés.

Cette convention, malgré quelques difficultés inhérentes à tout traité de cette nature, existe encore aujourd'hui et constitue la base de l'organisation du Rowing à Paris. Ce résultat a été obtenu grâce aux efforts et au dévouement de MM. A. Fleuret, H. Philippe et E. Mantois, alors présidents des trois Sociétés intéressées.

Dans la course du championnat de 1877, gagnée par M. A. Lein, se présenta M. Bidault, de Lyon, auquel échut la seconde place.

L'année 1877 vit débuter dans le nord de la France d'excellentes équipes juniores : *Ryssel* du R. C. de Lille et *Diable à Quatre* de l'Union nautique de Saint-Pierre-lez-Calais.

Au commencement de 1878, plusieurs membres de l'équipe de l'*Impromptu* furent admis au Cercle nautique de France, qui se trouva posséder ainsi un élément actif des plus redoutables. Au printemps de cette dernière année, et à la suite de démarches faites par les Comités des Sociétés parisiennes auprès de l'Administration, le Conseil municipal accorda une subvention de 1000 francs à chacune des institutions nautiques de la capitale. Ce subside permit aux Comités des trois Sociétés d'aviron de rétablir les régates internationales de Paris qui n'avaient pas eu lieu depuis 1869; ces régates furent données le 18 août dans le bassin compris entre le pont de Grenelle et le viaduc d'Auteuil.

Comme en 1867, la navigation de plaisance fut représentée à l'Exposition universelle du Champ de Mars; les principales Sociétés nautiques françaises envoyèrent des trophées, des plans et des modèles, et l'exposition des constructeurs parisiens de bateaux à l'aviron fut particulièrement remarquable.

Dans les régates de cette saison, les membres actifs du Cercle nautique luttèrent avec succès contre l'équipe de la *Haute-Seine*, représentant la Société nautique de la Marne, et celles du *Salvator* et de l'*Hermione*, portant les couleurs du Rowing-Club; le Cercle nautique enleva les premiers prix des régates de Calais; il ne put prendre part à celles de Bruxelles par suite de retard dans l'arrivée de ses bateaux; le Rowing-Club gagna avec l'*Hermione* les courses de Saint-Valéry et le grand prix de Paris, par suite de l'abordage survenu entre *Impromptu* et *Haute-Seine*, dans la course à quatre rameurs.

Le championnat de 1878 échut encore à M. Lein, qui, pour la seconde fois, battit dans cette course M. Bidault, le champion lyonnais.

C'est dans le cours de cette saison que fut fondé le Decimal Boat-Club, Société composée exclusivement de résidants anglais dont le Boat-House est installé à Neuilly-sur-Seine.

Le S. N. d'Amiens se signala cette même année d'une façon toute spéciale avec ses équipes : le *Vert-*

Vert à deux juniors, le *Nautilus* à quatre juniors et le *Darling* à six rameurs.

Il nous est impossible de terminer l'année 1878 sans rappeler la transformation qui, sur l'initiative de M. Lein, s'opéra dans la construction des yoles-gigs; aux régates de Sèvres, le Cercle nautique de France effectua la course à deux rameurs dans une embarcation d'un type absolument nouveau, établi sur les plans du champion. Ce bateau, qui fut dénommé *yole tangentielle*, à son apparition, servit de modèle à toutes les yoles de course qui sortirent alors des chantiers de nos constructeurs.

En 1879, la suprématie dans les courses seniores des régates données par les Sociétés parisiennes resta aux rameurs du Boat-Club du Cercle nautique de France.

Les équipes *Port-à-l'Anglais*, *Haute-Seine* et *Périchole*, de la Société nautique de la Marne, *Gallia* et la *Jatte*, du Rowing-Club de Paris, furent les principales rivales du Cercle nautique dans les courses de cette saison, dans lesquelles les trois Sociétés parisiennes se rencontrèrent quelquefois en outriggers à deux et à quatre rameurs.

Aux premières régates de Nice, courant contre l'équipe du Cercle des Canotiers génois, l'*Avant-Garde* du C. N. F. coula au moment de toucher le but, laissant le prix à la *Maria-Pia* de Gênes; l'équipe du *V'lan*, au même Cercle nautique, gagna presque toutes les courses de province dans lesquelles elle fut engagée; à Ostende, cette équipe subit néanmoins un échec, qui devint la cause d'un sérieux conflit avec les membres d'une Société bruxelloise.

La *Haute-Seine*, à Bordeaux, la *Gallia*, à Saint-Valéry

et à Dieppe, représentèrent dignement de leur côté le guidon de la capitale. Signalons à Bordeaux l'excellente équipe *Lutèce* de la Société des Régates bordelaises.

Dans le Nord, l'E. N. de Calais tient la corde en

Garage de la Société nautique de la Marne.

1879 avec la *Calaisienne* à deux juniors et le *Cosmopolite* (quatre juniors et six rameurs).

Le Cercle nautique de France prit également, dans cette même année, l'initiative des équipes de pointe sans barreur.

Le 16 juin 1879, un match intéressant, de Paris à Rouen, eut lieu entre une yole à deux rameurs de couple, de la Société nautique de la Marne, et un outrigger à quatre avirons, avec barreur, du Cercle nautique de France. Les conditions de ce match étaient les suivantes : la yole était entièrement libre de ses allures, ses rameurs pouvant à leur guise se remplacer mutuellement et prendre leur repas dans le bateau; les rameurs de l'outrigger devaient expressément prendre leurs repas à terre; ce pari fut gagné par l'outrigger qui effectua le parcours, soit 235 kilomètres et sept écluses, en vingt et une heures quarante-neuf minutes; la yole mit vingt-deux heures quarante-cinq minutes.

Les régates internationales de Paris, qui eurent lieu le 31 août, sous la direction du Comité de l'Union des Sociétés d'aviron de Paris, obtinrent un éclatant succès. Le Cercle nautique de France fut victorieux dans les courses de seniors, et le Rowing-Club, dans celles de juniors.

La province était représentée par l'*Avenir*, équipe à deux des Régates rouennaises, qui se classa seconde en juniors.

Le *Neptune* des Régates mâconnaises fut placé quatrième à deux seniors.

La course à quatre, réservée aux équipes de province, fut enlevée par l'*Avenir* des Régates rouennaises.

Le championnat de France fut couru le 5 octobre 1879 et gagné sans lutte par M. A. Lein, battant cinq autres rameurs parisiens.

L'année 1880 fut fertile en incidents et en faits nautiques importants.

Au mois de mars, le Cercle nautique de France prit à Nice une magnifique revanche sur le Cercle des Canotiers génois; les rameurs parisiens s'étaient fait construire pendant l'hiver, par Tellier, une yole de mer, l'*Arrière-Garde*, qui triompha aisément, dans le grand prix du Cercle de la Méditerranée, de la *Maria-Pia*, son heureuse concurrente de l'année précédente.

Le 25 avril suivant était couru, à Saint-Cloud, le premier match annuel entre le Rowing-Club de Paris et la Société nautique de la Marne; la course eut lieu en outriggers à quatre rameurs avec barreur; elle fut gagnée par les juniors du Rowing-Club battant ceux de la Marne. M. A. Fleuret, président du Cercle nautique, était juge-arbitre de cette course, dont l'initiative et l'organisation reviennent entièrement à M. M.-E. Mantois et H. Philippe, présidents d'honneur des Sociétés concurrentes.

Les concurrents ne portaient pas alors le costume qu'ils ont actuellement. Le Rowing-Club était en maillot bleu et toque ponceau; la Marne, en casaque bleu de roi, écharpe blanche et toque à côtes bleues et blanches.

L'entrée au Cercle nautique des juniors du Rowing-Club, gagnant de ce match, devint la cause d'un conflit des plus regrettables entre les Sociétés de Paris; ce conflit eut pour conséquence l'abstention forcée des équipes du Cercle nautique dans toutes les régates données par les deux autres Sociétés.

Les succès du Cercle n'en furent pas moins brillants en province et en Belgique, où les équipes dirigées par M. Lein remportèrent une série de victoires non interrompue.

Ce furent les régates de Bruxelles qui clôturèrent la saison des courses de 1880, dans le courant de laquelle les équipes à deux du S. N. d'Amiens: *Fantaisie* et *Darling*, remportèrent de brillantes victoires. Les équipes à quatre et à six de l'E. N. de Calais. *Cosmopolite*, parurent également avec succès.

La Société d'Encouragement du Sport nautique en France, ainsi que le Joinville Boat-Club, se constituérent dans le courant de cette année.

Il nous faut relater maintenant les détails de la première campagne des rowingmen seniors français en Angleterre. Le Cercle nautique de France, désireux de voir ses sociétaires se mesurer avec les célèbres rameurs des Clubs de la Tamise, engagea une équipe à deux rameurs et une à quatre, ainsi qu'un sculler, M. Bidault, aux Metropolitan Regatta qui eurent lieu à Putney, près Londres, le 12 juillet 1880. Les outriggers spécialement commandés à Tellier pour cette régate avaient été construits sur les plans de M. Lein. L'équipe à quatre, composée de MM. H. Desnoyers, G. Lacroix, A. Lein, J. Rizzi, parfaitement entraînée, eut l'honneur d'être battue par l'équipe du Thames Rowing-Club, la plus forte de l'Angleterre.

Les causes de l'échec de nos compatriotes peuvent se résumer de la manière suivante : en premier lieu, l'équipe anglaise était physiquement supérieure à l'équipe parisienne ; de plus, la mauvaise proportion des avirons dont se sont servis les rameurs français ne leur permit pas de donner exactement la mesure de leur valeur ; enfin, l'indisposition de M. Lein vint s'ajouter à ces désavantages. Il est néanmoins nécessaire de faire remarquer que, de l'aveu même des rowingmen anglais, l'équipe du Thames était seule en condition pour triompher des amateurs parisiens.

Nous croyons être l'interprète de tous les rowingmen français, en adressant ici nos plus sincères remerciements à ces dévoués représentants de notre sport qui, sans illusion et sans faiblesse, ont essayé de faire triompher le pavillon de la France sur le fleuve qui a vu naître le rowing européen.

N'ayant pas à compter avec les rameurs du Cercle nautique, l'équipe de la *Haute-Seine* et *Périchole*, pour la Société nautique de la Marne, et celles de *Gallia* et *Clairette*, pour le Rowing-Club, se partagèrent les prix de toutes les régates organisées par ces deux Sociétés, sous la direction desquelles eurent également lieu les régates internationales de Paris, le 22 août.

Le championnat de France fut couru le 10 octobre. M. Lein, souffrant encore des suites de son voyage en Angleterre, faillit se laisser prendre la course par M. Polak, champion de Belgique, qui ne fut battu que de quelques secondes par le champion de France.

La saison nautique de 1881 commença à Nice le 26 mars. La catastrophe qui attrista la cité niçoise obligea le Comité à donner les courses à l'aviron dans la baie de Villefranche. Les courses à un, deux et quatre rameurs furent gagnées par le Cercle nautique de France ; le Club nautique de Libourne remporta les seconds prix à deux et à quatre.

Comme l'année précédente, le match en outriggers à quatre rameurs, entre les juniors du Rowing-Club et ceux de la Société nautique de la Marne, fut couru le 10 avril à Saint-Cloud et gagné par le Rowing-Club. M. Chenal était arbitre de ce match.

Les rapports entre les Comités des trois Sociétés parisiennes s'étant améliorés, le Rowing-Club, la Société nautique de la Marne et la Société d'Encouragement invitèrent les équipes du Cercle nautique à prendre part à leurs courses d'entraînement.

Les plus intéressantes de ces régates locales furent celles de Sèvres, le 29 mai, dans lesquelles les courses à deux et quatre rameurs seniors furent effectuées en outriggers, sans barreur, et gagnées par les deux équipes du Cercle nautique, et le 5 juin où, dans une course en ligne droite à Neuilly-Plaisance, MM. Lein et Lambert, montant un outrigger à deux de pointe, furent battus par un double scull monté par MM. Schwab et Jacquot. Quelques jours après, MM. Lein et Lambert prenaient part en Angleterre aux régates royales de Henley, où ils subissaient deux échecs successifs dans les courses à un et deux rameurs.

Aux régates internationales de Paris, l'*Élan*, équipe à quatre rameurs juniors, arrive premier, battant la Marne et le Rowing-Club. Dans le Nord, les excellentes équipes *Darling* à deux et à quatre, du Sport nautique d'Amiens, remportent de nombreuses victoires.

Les trois Sociétés parisiennes se sont fait représenter en 1881 dans un grand nombre de régates de la province et de l'étranger. Les équipes du Cercle nautique de France ne rencontrèrent pas de rivales à Liège, Ostende, Calais et Bruxelles, où elles gagnèrent les courses à un, deux, quatre et six rameurs. A Dieppe, la course à quatre et, à Épernay, celles à un et deux rameurs leur revinrent également.

La Société nautique de la Marne participa, de son côté, aux régates de Chalon-sur-Saône, Mâcon, Amiens, Reims, Saumur, Lyon, Aix-les-Bains, Bayonne, Boulogne-sur-Mer, Bordeaux et Épernay, dans lesquelles ses équipes juniores et seniores remportèrent dix-sept premiers prix et treize seconds.

Elle se rencontra, dans les régates du Sud-Est, avec l'équipe *Quadrille* du Sport nautique de Lyon, devant laquelle elle succomba. Dans le Nord, le *Darling*, du Sport nautique d'Amiens, réussit également à tenir en échec les équipes de la Société nautique de la Marne.

Les rameurs du Rowing-Club coururent à Rouen, Amiens, Reims, Saumur, Calais et Épernay. Dans plusieurs de ces villes, ils se retrouvèrent en présence des équipes du Cercle nautique et ne purent enlever que des seconds prix.

A la suite d'une entrevue entre le président d'hon-

Le Champion
Objet d'art offert par la Société d'Encouragement
pour le championnat de la Marne.

neur du Cercle nautique et celui de la Société nautique de la Marne, une convention nouvelle fut acceptée par les trois Sociétés pour l'organisation des régates internationales de Paris. Cette fête nautique eut lieu le 28 août, sous la direction d'un Comité spécial présidé par M. F. Pagnioud, président du Cercle nautique. Elle obtint un grand et légitime succès.

Le 25 septembre, fut couru pour la première fois, à Nogent, sous la direction de la Société d'Encouragement, le championnat de la Marne, dans lequel M. Lein resta vainqueur. M. Monney était second et M. Schwab troisième.

La course annuelle du championnat de France qui eut lieu le 20 octobre, à Neuilly-Saint-James, peut être considérée comme la plus belle des fêtes nautiques organisées en France depuis la fondation du rowing. La victoire du champion français, M. A. Lein, et les détails émouvants de sa lutte contre M. Werlemann, champion belge, et M. Grove, champion du London Rowing-Club, sont encore présents à la mémoire de tous les amateurs de notre sport. Le rameur anglais fut battu par les champions de France et de Belgique, à la grande surprise de ses compatriotes et de toute la presse nautique anglaise.

La saison se termina à Ivry-sur-Seine, le 16 octobre, par un défi en yole à un rameur, porté au champion de France par M. Saint-Pé, de la Société nautique de Bayonne, et dans lequel M. A. Lein triompha facilement de son concurrent.

Au mois de décembre de la même année se constitua enfin le Comité d'initiative du Congrès des Sociétés d'aviron de France, projeté à Paris pour le 20 avril 1882. C'est également dans le cours de ce mois que les membres actifs du Cercle nautique de France ont fondé le Cercle d'Aviron de Paris.

Le 21 avril 1882, le premier Congrès des Sociétés d'aviron de France se réunit au Grand-Hôtel sous la présidence de M. Fleuret, et prend d'importantes décisions au sujet de la classification des rameurs, des régates et des embarcations. Le 23 avril est couru le troisième match annuel entre le Rowing-Club et la Marne. La course a lieu en outrigger à huit rameurs. L'équipe de cette dernière Société (composée de MM. Rustan, Monney, Durix, Courmont, Schneider, Poulain, Soulié, Galin) gagne la course de trente-sept secondes.

MM. Monney et Buston.

CHAPITRE IV

L'année 1882 marque une étape très importante dans l'histoire nautique des Sociétés de province, qui commencent à acquérir une réputation justifiée. C'est ainsi que nous voyons les représentants de la capitale battus dans toutes les courses aux régates de Boulogne. Les vainqueurs sont : en skiff, M. d'Hautefeuille, de l'E. N. de Boulogne ; à deux juniors, l'équipe *Piff* (E. N. Boulogne) ; à deux seniors et à quatre seniors, *Darling* (S. N. Amiens) ; à quatre juniors et à six rameurs, *Tapageur*, de l'U. N. de Saint-Pierre-lez-Calais.

Aux régates internationales de Paris, l'équipe *Darling* (MM. Carpentier et Panel) dispute sérieusement la victoire aux deux célèbres seniors de l'équipe *Haute-*

7

Seine (MM. Monney et Rustan). L'équipe parisienne à quatre rameurs *Aventurière* affirme sa supériorité.

Enfin, M. d'Hautefeuille, le vaillant sculler de l'E. N. de Boulogne, se présente aux épreuves du championnat de France où il réussit à inquiéter fortement M. Lein, alors à l'apogée de sa valeur nautique.

M. d'Hautefeuille.

Les débuts de l'année 1883 ne furent pas très heureux pour les rameurs français, qui, en la personne des équipiers du Rowing-Club, furent battus à Zurich. Mais ce ne fut qu'une défaillance passagère. Bientôt, sur tous les champs de course de Belgique et de Suisse, notre supériorité s'affirma nettement.

A Genève, Lein arrive premier en skiff et les équipes *Aventurière* (S. N. M.), *Indigeste* et *Cauchemar* (C. A. Paris) gagnent les courses à quatre juniors et seniors et à deux seniors.

A Ostende, *Ninetta* (S. N. Douai) à deux juniors, *Haute-Seine* (S. N. Marne) à quatre et six rameurs, d'Hautefeuille en skiff et Paff (E. N. Boulogne), deux seniors, maintiennent haut et ferme les couleurs françaises.

Une seule équipe étrangère était restée invaincue, c'était le *Pardaf*, monté par MM. Mathieu et de Clercq, du C. N. de Gand. Un défi leur fut porté par MM. Lein et Lacroix montant le *Kokoriko* (du C. A. Paris), et à Bruxelles, après une lutte peut-être unique dans les annales de notre sport, l'équipe française battit sa rivale de quinze secondes sur une distance de 3000 mètres.

La *Revue des sports*, sous la signature de *Vétéran*, nous a conservé le compte rendu de cette course mémorable; nous n'en donnerons qu'un extrait :

. . . .

Vers trois heures, l'arbitre, M. Donies, monte à bord du steam-launch qui doit suivre la course; il est accompagné de M. Gesling, témoin du *Kokoriko*; X..., témoin du *Pardaf*; de MM. Colard, président et Duhot, secrétaire du Cercle des Régates de Bruxelles. Aussitôt après les rameurs gantois mettent leur embarcation à l'eau; une longue rumeur d'encouragement les accompagne. *Kokoriko* apparaît à son tour; MM. Lein et Lacroix sont très émus. Les deux équipes se promènent pendant quelque temps dans le bassin. Les places sont tirées au sort : *Pardaf* occupe le côté droit du canal, celui des voitures. *Kokoriko* prend la rive gauche. Pendant qu'on mouille les bateaux-bouées, M. Gesling fait enlever un gros banc d'herbes qui se trouve sur la route de l'équipe française.

Le signal est donné à trois heures vingt-cinq. Une immense clameur s'élève du sein de la foule; les rameurs gantois électrisés font un départ merveilleux d'ensemble et de rapidité : en dix coups d'aviron ils ont dégagé leur bateau. Nous sommes anxieux, car les rameurs du *Kokoriko* ont montré un peu d'hésitation; M. Lein est splendide de calme, mais M. Lacroix nous semble plus nerveux, il n'attaque pas avec correction; MM. Mathieu et de Clercq continuent leur formidable enlevage, ils ont maintenant une longueur d'avance; de frénétiques hourras les suivent, les cris : Gand! *Pardaf!!* s'entre-croisent dans l'air et augmentent notre trouble.

Les rameurs sont en course depuis une minute, c'est le moment choisi par le champion; à son commandement, M. Lacroix reprend tout son sang-froid; la nage des Français se régularise, la vitesse s'améliore; toutes nos craintes se dissipent; *Kokoriko* est dans la course; c'est maintenant aux Gantois à se défendre.

La lutte n'est pas de longue durée. MM. Mathieu et de Clercq, se sentant sévèrement poussés, faiblissent à vue d'œil; pouce à pouce, *Kokoriko* se rapproche et regagne la distance perdue; les deux équipes sont enfin bord à bord. MM. Lein et Lacroix ne font plus qu'un; ils nagent à l'étude, donnant trente-huit coups à la minute; leurs rivaux ramant encore à quarante-deux font un dernier effort, mais cet enlevage les perd, et quelques secondes plus tard *Koko-*

riko prend magistralement la tête à son tour, au milieu d'un silence qui nous réconforte, car il indique la défaite complète du *Pardaf* et le triomphe de nos champions.

Cinq cents mètres ont été parcourus. Pour nous et pour tous ceux qui pratiquent l'aviron, la course est terminée; en effet, dès qu'ils sont doublés, les rameurs gantois jugent inutile de maintenir leur nage à quarante-deux coups; brusquement, ils modifient leur allure et ne rament plus qu'à trente-six; les Français, qui paraissent être en exercice, continuent à nager à trente-huit coups; le résultat est mathématique, *Kokoriko* accentue son avance, il passe fièrement devant les masses profondes de la foule consternée, recueillant de temps à autre un encouragement sympathique sortant d'une poitrine française. Bientôt, le but, qui nous était caché par un coude prononcé du canal, nous apparaît; *Kokoriko* ne profite pas de son avantage; au lieu de prendre la corde, il contourne scrupuleusement la rive qui lui a été désignée; *Pardaf* s'en aperçoit, il fait un dernier enlevage sans modifier sa position; un grand mouvement se produit dans la foule; M. Sierron, membre du Cercle des Régates, juge à l'arrivée, prononce

M. Lacroix.

le stop et hisse le pavillon de la France en tête de mât, MM. Lein et Lacroix sont vainqueurs : le chronomètre indique trois heures trente-sept minutes quarante secondes pour *Kokoriko*, trois heures trente-sept minutes cinquante-cinq secondes pour *Pardaf*.

De longs murmures de dépit accueillent l'équipe française; il faut l'avouer, la déception est cruelle, elle justifie les manifestations isolées qui se produisent, mais nos amis ne s'en émeuvent pas. Dès que le *Pardaf* a franchi le but, ils se dirigent vers leurs rivaux, et, quand les bateaux sont bord à bord, M. Lein tend la main à M. Mathieu, M. Lacroix offre la sienne à M. de Clercq. Cet acte de confraternité et de courtoisie change les dispositions de la foule; de nombreux applaudissements se font entendre. *Kokoriko* est alors successivement salué par les rowingmen belges qui se trouvent à bord des yachts à vapeur; sur les deux berges, les Français assemblés en groupes compacts acclament frénétiquement nos champions ; c'est l'instant du triomphe, nous en jouissons pendant quelques bonnes minutes.

Le championnat de France fut en 1883 enlevé pour la huitième fois par Lein.

Le fait le plus saillant de la campagne de 1884 est la victoire de d'Hautefeuille sur Lein dans le championnat de France. Pour la première fois, une Société de province enlève ce titre si envié et c'est à l'Émulation nautique de Boulogne-sur-Mer que revient cet honneur.

En 1885, le match annuel à huit rameurs se termine par la victoire du Rowing-Club, dont l'équipe était composée de MM. Moussard, Vichy, Haueur, Soulié, Bretholon, Voillaume, P. Poincloux et Séret.

M. Bidault.

Les régates internationales de Paris ne présentaient cette année-là qu'un intérêt absolument relatif, par suite de l'abstention de la province et de l'étranger. Les rameurs du Rowing-Club, du Cercle de l'Aviron et de la Société d'Encouragement se partagèrent les honneurs de la journée.

La course du championnat de France est l'occasion d'une nouvelle surprise et d'une seconde victoire de la province : M. Bidault, du Club nautique de Lyon, bat MM. Lein et d'Hautefeuille après une course fort dure.

En 1886, la S. N. de la Marne gagne le match annuel. Les régates internationales de Paris donnent lieu à un essai qui mérite d'être noté, car il établit à peu près irréfutablement la supériorité de la nage en couple sur la nage en pointe. Une excellente équipe du C. A. P., armée en pointe, est battue par un huit de couple de la Société nautique de la Marne.

La même année, aux régates de Calais, le Rowing-Club et le C. A. de Paris se font battre à deux seniors par *Qui vive* du Yole-Club rouennais. Le Rowing-Club enlève la course à quatre.

M. Haueur s'adjuge le championnat de la Seine et bat M. Lein dont les chances devenaient par suite très problématiques dans le championnat de France. Contre toutes prévisions, M. Lein n'en enlève pas moins la course, M. d'Hautefeuille étant second à 1 mètre.

Les régates internationales de Paris en 1887 furent l'occasion d'un très brillant succès pour la Société des Régates lyonnaises, dont l'équipe *Cinq-Sec* (MM. F. Piot, Savin, J. Piot et Recordon) prit devant le Cercle de l'Aviron de Paris la première place dans la course à quatre rameurs seniors, « Prix d'encouragement ».

Dans le Nord, les juniors de Valenciennes et les célèbres équipes à deux et à quatre *Myosotis*, de Calais (MM. Pechell, Levêque, Joyez frères), faisaient une ample moisson de lauriers. A Lyon se distinguait l'équipe *Cinq-Sec* (MM. Piot frères, Savin et Basset).

C'est également en 1887 que paraît une équipe à quatre qui a laissé un grand nom : la *Louisa*, de Nantes, montée par MM. Tournier, Joys, Blanchard et Aubert.

Le championnat de la Seine donna lieu à une lutte très vive entre P. Flouest, du Cercle de l'Aviron de

Paris, et les deux représentants de la province, MM. Rambure, de Valenciennes, et Tournier, de Tours. Le rameur parisien réussit cependant à vaincre ses adversaires.

La façon dont M. Rambure s'était comporté dans cette épreuve donnait néanmoins beaucoup d'espoir à ses partisans pour la course du championnat de

M. Rambure.

France. Rambure en effet enleva le titre ; M. Lacoste (S. N. bordelaise) était deuxième et M. P. Flouest, troisième.

Les régates internationales de Paris en 1888 sont marquées par un fait qui mérite d'être signalé : le Cercle de l'Aviron arrive premier dans toutes les courses. Ses rameurs se servaient pour la première fois d'embarcations construites sur les plans de M. Lein et au sujet desquelles de nombreuses contestations s'élevèrent. On prétendit que les yoles en question ne répondaient pas à la définition du Code de l'Union et la question n'a d'ailleurs jamais été tranchée bien nettement, car l'adoption définitive de l'outrigger comme bateau de course devait bientôt replonger dans le néant le type de yole découvert par M. Lein et qui n'a plus pour nous d'autre mérite que d'avoir vraisemblablement hâté l'apparition de l'outrigger sur nos champs de course. La même Société voit deux de ses rameurs enlever les championnats juniors et seniors de la Seine; ce sont : MM. Molin et Paul Flouest. Ce dernier s'adjuge ensuite le championnat de France et couronne dignement une saison particulièrement glorieuse pour le Cercle de l'Aviron, dont les célèbres équipes à deux seniors *Rose-Rouge* et à quatre *Flamboyante* (MM. Lein, Mac-Henry, P. Flouest et Louvet) resteront dans la mémoire des rameurs comme une preuve irréfutable des immenses avantages d'un grand style.

M. P. Flouest.

Comme le faisait remarquer le journal *l'Aviron* en rendant compte de la course du championnat, « ce qui résulte de la victoire de M. Flouest, c'est que le titre de champion est, pour ainsi dire, un héritage que l'on se transmet de maître à élève. M. Gesling a fait M. Lein son héritier; M. Lein transmet aujourd'hui son héritage à son ami et élève M. Flouest, c'est la plus grande consolation que puisse éprouver celui auquel est ravi ce glorieux titre. »

Le 7 octobre 1888, le Canoë-Club de France, Société fondée en vue d'un groupement de rameurs de ballade et qui n'eut d'ailleurs qu'une existence éphémère, donna une course en canoës sur un parcours de 17 kilomètres, de Croissy à Bougival et retour.

Garage de la Basse-Seine.

Cette épreuve fut gagnée par M. Lein en une heure trente minutes quatre secondes, M. Mac-Henry étant second et M. Lepron troisième.

Le Congrès des Sociétés d'aviron de France, qui réunit, le 3 janvier 1889, les représentants de trente-six Sociétés, prend des décisions très importantes.

Le principe d'une Fédération est adopté. Puis le Congrès, après avoir divisé les embarcations de course en trois types principaux : yole de mer, yole de rivière et bateaux de construction libre, vote la construction libre avec armement en pointe et barreur dans les deux classes de rameurs.

Les rameurs sont divisés en juniors et seniors avec une distinction entre la pointe et la couple. Dans chaque catégorie, il faudra désormais trois premiers prix pour être classé senior. Une Commission est nommée pour élaborer les statuts de la nouvelle Fédération.

Le projet n'aboutit pas immédiatement, il est vrai ; mais un premier jalon était planté, grâce à l'initiative de l'Union de France et de son actif secrétaire, M. Maréchal. L'entente définitive ne devait pas tarder à se réaliser.

En 1889, la Société nautique de la Marne remporte la victoire dans le match annuel à huit rameurs.

Le premier match à huit de couple est couru cette même année entre la Société nautique de la Basse-Seine et la Société d'Encouragement. Cette dernière gagne la course.

Les régates internationales de Paris eurent, en 1889, un éclat tout particulier, grâce à leur coïncidence avec l'Exposition universelle et à l'importance des prix. Les courses à deux furent données à Asnières et celles à quatre et à huit à Paris, entre les ponts de la Concorde et d'Iéna. Soixante-quinze embarcations françaises et étrangères se disputaient les prix.

Les honneurs des deux journées furent pour le Cercle de l'Aviron avec quatre premiers prix, deux seconds et un troisième ; venait ensuite le Club nautique de Gand avec un premier prix et un second.

M. J. Piot (C. A. Lyon) gagne le championnat de

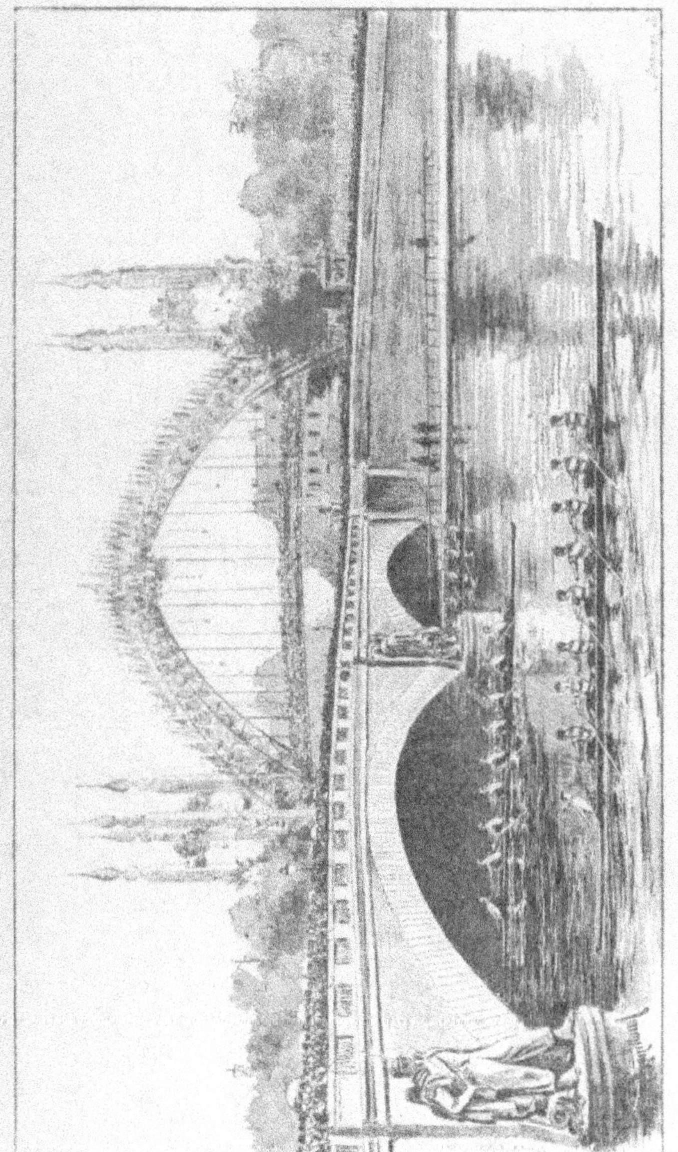

Régates internationales, Paris, 1889, au pont de l'Alma.

France, suivi de très près par MM. Lescrauwaet, un Belge, et Jurjens, un Hollandais.

La victoire du rameur lyonnais fut accueillie avec un enthousiasme que nos lecteurs ne jugeront pas exagéré en lisant l'extrait suivant du journal *l'Aviron* :

. . . .

A 1000 mètres, M. Lescrauwaet (c'est le champion belge) c'est débarrassé enfin de M. Jurjens (champion hollandais) qui rame dans ses eaux derrière lui, à une longueur et quart; M. Lescrauwaet mène avec une nage puissante, mais un peu lourde; M. Piot est toujours troisième, mais il s'est rapproché. Le second peloton n'a guère amélioré sa position; il est conduit tantôt par M. Lacoste, tantôt par M. Lein, qui se retourne fréquemment.

La course paraît appartenir à M. Lescrauwaet et ses partisans escomptent déjà sa victoire.

A 1500 mètres, M. Lescrauwaet s'est un peu écarté; M. Jurjens, très énergiquement, a regagné petit à petit, et, à la surprise générale, se place bientôt bord à bord avec le représentant belge; tout le monde croit alors

M. Jules Piot.

à sa victoire possible. Mais M. Lescrauwaet tient bon et les deux rameurs restent bord à bord, quand à son tour M. Piot arrive, et le public, comprenant tout de suite que c'est lui le rameur français qui, seul, peut maintenant disputer avec succès le titre de champion de France aux deux rameurs étrangers qui tiennent la tête, le public, disons-nous, se met à l'encourager de toutes ses forces, et bientôt M. Piot, stimulé sans doute par tous ces cris, se trouve bord à bord avec MM. Lescrauwaet et Jurjens. A 2000 mètres, M. Jurjens faiblit un peu et perd une longueur. A 2300 mètres, c'est M. Lescrauwaet qui, à son tour, a un moment de faiblesse, dont M. Piot profite aussitôt pour prendre une longueur, puis deux d'avance, qu'il conserve jusqu'à l'arrivée.

. . . .

C'est, on le voit, un admirable exemple d'énergie et de sang-froid.

L'année 1890 est celle des équipes à quatre rameurs seniors : *Ventrebleu* (Société nautique de la Basse-Seine), montée par MM. M. Flouest, Besançon, Boutillon et Cerbelaud; à deux seniors, *Espérance* (Régates mâconnaises), MM. Coulon et Collaudin.

Bordeaux nous fournit le quatre seniors *Mal en train* (MM. Deltour, Berthomieux, Labaylle et Laffitte), et Paris une équipe juniore de réelle valeur, *Tatonnette* (S. N. M.), MM. Dorlia, Joyet, Frilet et Sartori.

Les régates internationales de Paris, sans avoir l'importance que présentaient celles de l'année précédent, eurent, en 1890, un grand intérêt sportif, et la Société nautique de la Marne y tint la corde avec deux premiers prix et deux seconds.

Le championnat de la Seine donne lieu à une surprise. M. Francis Boudin, un excellent rameur junior de la Société d'Encouragement, triomphe, après une lutte très dure, de M. Lepron et de M. Piot, le champion de France. La victoire de M. Boudin était d'autant plus méritoire qu'il avait, pour se présenter en senior, abandonné sa chance en junior.

Le championnat de France échoit à M. E. Lepron (Rowing-Club de Paris), qui précède de deux secondes M. Ooms, d'Amsterdam. M. F. Boudin se classe troisième.

Les régates internationales de Paris réunissent, en 1891, l'élite des rameurs belges, italiens et espagnols. Elles justifient véritablement leur titre d'internationales et le succès de cette belle journée fait le plus grand honneur au Comité d'organisation et à son dévoué président, M. Marius Dubonnet, dont l'activité ne s'est pas démentie un seul instant.

Cette même année se révèle une équipe à deux hors pair, montée par MM. Lepron et Jansen (R. C. Paris), qui sous le nom de *Flâneur* remporte de brillants succès.

A quatre seniors, c'est *Nitouche* (S. N. M. Paris), MM. Démaret, Legendre, Dorlia et Sartori. Citons aussi *Languedoc*, de l'Aviron toulousain, monté par MM. Pasquet, Bégué, Soulié et Pava, et, dans le Nord, *Ruy-Blas* (MM. Clipet, Trarieux, Barbaux et Tétard de l'E. N. de Boulogne).

Le résultat de la course du championnat de France cause un véritable deuil dans le monde nautique. Car M. Ooms, un excellent

M. Lepron.

rameur hollandais, enlève le titre malgré les courageux efforts de M. Jansen, le seul représentant des Sociétés françaises qui fût bien placé dans la course.

Le Rowing-Club de Paris fournit en 1892 l'excellente équipe à quatre *Arc-en-Ciel* (MM. Jansen, Joyet et Love frères). A deux seniors notons : *Craque-l'eau* (Boulogne-Club), MM. Millington et Griset; *Mimosa* (U. N. Lyon), MM. Laurent et Guyet, et *Bouton d'or*

(Régates mâconnaises), MM. Gresset et Coulon. Émile Lepron reprend brillamment, à Paris, le titre de champion de France.

Le 6 octobre 1892, dans un match couru sur la Seine, à Andrésy, une équipe à huit rameurs de l'Union des Sociétés françaises de Sports athlétiques bat le London Rowing-Club.

Les régates internationales de Paris en 1893 ont un

M. Ooms.

très grand succès et les honneurs de la journée reviennent à la Société nautique de la Marne et à ses équipes à huit et à quatre (MM. Démaret, Dorlia, Colonnier et Hurel); MM. Lepron et Jansen forment toujours leur excellent deux seniors.

En province, citons : l'équipe à quatre *Marjolaine*, de l'Union nautique de Lyon (MM. Panchaud, Gatier, Filioleau et Lelarge), qui, complétée par l'équipe *Méphisto* (de Boulogne-sur-Mer), enlève à Turin le championnat international à huit rameurs.

M. Lepron gagne le championnat de France.

Longue et glorieuse, on le voit, est l'histoire de l'aviron en France. Les exemples d'énergie et de dévouement s'y rencontrent à chaque ligne. Puisse cet exposé, quelque rapide et forcément incomplet qu'il soit, inspirer à nos jeunes rameurs une noble émulation, leur donner non seulement le goût mais l'amour d'un exercice qui a su former de tels hommes, puisse ce récit des hauts faits de leurs prédécesseurs développer chez eux l'attrait de la lutte, cette qualité éminemment française qui fait les caractères bien trempés et les bons citoyens!

Course anglaise dite « bumping race ».

CHAPITRE V

L'AVIRON EN EUROPE

ANGLETERRE

Le goût des courses nautiques, cela est plus que probable, a toujours existé en Angleterre; les annales y atteignent donc un développement considérable. C'est à l'un de nos compatriotes, M. Eugène Montenuis, de Boulogne-sur-Mer, résidant depuis longtemps en Angleterre et remplissant aujourd'hui les fonctions de vice-président du London Rowing-Club, que nous devons de pouvoir en présenter un aperçu assez complet.

Le premier événement dont il soit fait mention est le Doggett's Coat and Badge.

Thomas Doggett était un comédien célèbre en 1715. A cette époque il institua, pour les bateliers de la Tamise, une course à un rameur qui porte son nom et, par testament, laissa une certaine somme pour que cette course eût lieu tous les ans. La première course fut donnée le 1er août 1715, à l'occasion du premier anniversaire de l'avènement au trône de George Ier, et se continua tous les ans à pareille date. On n'a pas conservé les noms des vainqueurs des premiers concours. La liste commence seulement en 1791.

Il nous faut ensuite faire un bond de près de quarante ans, car il paraîtrait que c'est à Cambridge que revient l'honneur d'avoir créé en 1827 les premières courses à huit avirons.

En 1829, première course entre Oxford et Cambridge; c'est donc aux Universités qu'appartient le rang d'ancienneté.

En 1830, M. Wingfield institua un prix pour rameurs amateurs dont le vainqueur obtenait le titre d'amateur champion de la Tamise.

En 1831 fut couru le premier championnat des watermen; le second n'eut lieu qu'en 1838.

Nous trouvons en 1839 la première régate de Henley; cette même année, le match entre les Universités d'Oxford et de Cambridge, qui n'avait été couru qu'en 1829 et 1836, devient annuel.

On peut considérer la décade de 1830 à 1840 comme la période d'enfance du rowing en Angleterre. C'est à partir de la fondation de la régate de Henley, 1839, que le rowing commence réellement à se développer.

Parmi les vainqueurs des premières années à cette

régate, on trouve : les Universités d'Oxford et de Cambridge; l'Oxford-Club et le Cambridge-Club, formés d'élèves ayant quitté les Universités; le Leander-Club, le Saint-George-Club, le Thames-Club (pas celui qui existe actuellement), et les Argonauts; ces quatre Clubs étaient de Londres.

Il résulte donc que pendant la deuxième décade, c'est-à-dire de 1840 à 1850, les Universités et Londres ont été les principaux centres du rowing.

Faisant marcher de front l'amateur et le professionnel de 1830 à 1850, nous remarquons qu'il n'y eut que deux courses pour le championnat; en 1831, Campbell battait Williams et, en 1846, R. Coobs battait Campbell.

A partir de 1850, les démonstrations nautiques se produisirent de toutes parts, et il devient nécessaire de les subdiviser selon leurs classes, car le rowing anglais se subdivise en plusieurs sections : watermen, professionnels, amateurs, tradesmen amateurs et rameurs amateurs des Clubs du littoral de la mer. Chacun a son historique à part. Nous allons essayer de le décrire tout en expliquant les nuances qui les séparent.

Watermen.

LEURS MATCHES ET LEURS RÉGATES

L'acception propre du terme waterman doit être bien définie.

Le waterman proprement dit n'existe qu'à Londres. C'est un restant des vieilles coutumes du moyen âge. La corporation des watermen existe encore dans toute sa force sur la Tamise. Nul ne peut diriger une embarcation de louage, aussi bien un chaland transportant des marchandises qu'un paquebot-omnibus ayant des passagers à bord, entre Teddington et Gravesend, à moins de faire partie de la corporation.

L'apprentissage est de cinq ans, pendant lesquels le postulant est au service d'un waterman ou de sa veuve. Après son apprentissage, et s'il a au moins dix-neuf ans, il obtient une patente de waterman qu'il paye environ 100 francs.

Par coutume, on appelle watermen tous les marins d'eau douce ; les marins d'eau salée sont des sailors (voiliers).

Les artisans et autres qui, par occasion, courent pour de l'argent, sont des rameurs de profession (professionnels).

Outre les matches ou défis entre les watermen, il y a plusieurs courses qui leur sont réservées ; en tête nous mettrons le Doggett's Coat and Badge, dont nous avons déjà raconté la fondation quelques lignes plus haut.

Cette course a lieu chaque année, à la même date, à l'heure de la pleine mer. Le parcours du swan, près London Bridge, au swan, à Chelsea, est d'environ 4 milles. Les compétiteurs sont de jeunes watermen, sortant de leur apprentissage.

Pendant vingt-deux ans, de 1854 à 1876, il y eut à Londres des régates spéciales aux watermen, dénommées *Thames national Regatta*. Ces régates, qui comprenaient des courses à un, deux et quatre rameurs, étaient très suivies ; il serait désirable que l'ancienne association qui les dirigeait se reformât pour le bien de la corporation.

Amateurs.

OXFORD ET CAMBRIDGE

A tout seigneur, tout honneur, et comme, dans le chapitre préliminaire, nous avons dit que les archives du rowing mentionnaient les Universités comme les premières en lice, nous les mettrons à la tête des amateurs.

« On ne peut nier, dit M. B. Woodgate, un célèbre rameur d'Oxford, que l'aviron devint une récréation à Cambridge, avant de l'avoir été à Oxford; mais Oxford ne tarda pas à suivre ce bon exemple et la première course entre les deux Universités eut lieu sur la Tamise, de Hambledon à Henley. Le bleu clair et le bleu foncé n'avaient pas encore été adoptés.

« Oxford avait une cocarde bleue et Cambridge une cocarde rose. Les Universités étaient à cette époque représentées, non pas par une équipe choisie entre tous les collèges, mais le collège qui avait remporté le premier prix sur sa rivière représentait son Université. On n'a pas de compte rendu de ces premières courses. Cependant ces matches et le désir qu'avaient d'autres Clubs de se mesurer avec les Universités furent cause que les notabilités de la ville de Henley instituèrent en 1839 le Grand Challenge Cup, course devenue depuis si fameuse.

« La première course eut lieu en 1829, à Henley, et Oxford remporte la victoire.

« La seconde course dont il soit fait mention eut lieu .de Westminster à Putney, en 1836. Cambridge obtint sa revanche et fut aussi victorieux sur le même parcours en 1839, 1840 et 1841. En 1842, le parcours fut changé, la course eut lieu de Putney à Mortlake, c'est le parcours d'aujourd'hui. Oxford arriva premier. En 1843, il n'y eut pas de course à Putney, mais à Henley ; Oxford, dans sa dernière manche du Grand Challenge, rencontra le Cambridge Subscription-Rooms, dont l'équipe se composait de l'élite des rameurs de Cambridge, et ce fut alors qu'eut lieu le fameux épisode des sept rameurs. Au moment où les deux embarcations se mettaient en ligne, M. R. Menziès, le chef de nage d'Oxford, qui depuis quelques jours était indisposé, s'évanouit. Cambridge, dans son droit, refuse qu'on lui substitue un remplaçant. Oxford met le numéro sept comme chef de nage (1), le numéro un se met au sept, et le siège d'avant reste vide. On donne le signal du départ et les sept équipiers d'Oxford arrivent premiers, d'une longueur, aux acclamations des spectateurs. Cette belle victoire cependant ne compte pas au nombre des courses universitaires. »

De nos jours, le match Oxford-Cambridge est encore, avec la Henley Regatta dont nous parlerons plus loin, l'événement nautique le plus important de l'Angleterre.

Nous dirons maintenant quelques mots sur la formation des équipes.

Les Universités peuvent se comparer à une Académie et se composent de plusieurs collèges ; mais ces collèges, au lieu d'être espacés dans différentes villes, se trouvent tous réunis dans deux centres : Oxford et Cambridge. Quelques collèges ont deux ou trois cents élèves, d'autres n'en ont qu'une cinquantaine. Chaque collège cependant a son Club nautique et c'est la

____

(1) En Angleterre on numérote les rameurs en commençant par l'avant du bateau.

réunion de tous ces Clubs qui forme le Club de l'Université. Chaque capitaine de Club fait à la rentrée des classes, en automne, son rapport au président. Les candidats nommés sont inspectés à tour de rôle et, de sélection en sélection, on finit par en choisir seize, répartis de manière à former deux équipes à peu près d'égale force.

Ces équipes ont un mois d'entraînement et la course d'essai a lieu au mois de décembre dans les deux Universités. On se sépare alors pour les vacances de Noël et au retour les deux présidents se mettent immédiatement à l'œuvre pour le choix de l'équipe. Ce choix fait, l'entraînement commence le mercredi des Cendres et la course a lieu le samedi avant la semaine sainte, les derniers quinze jours d'entraînement étant faits à Putney, afin d'habituer les équipes au parcours.

Nota. — C'est l'Université qui a perdu l'année précédente qui envoie un défi pour l'année suivante. Ce défi s'envoie généralement en janvier.

Bumping races et Courses au piquet.

Vu le peu de largeur de la Tamise à Oxford et de la Cam à Cambridge, des courses appelées bumping races et courses au piquet se pratiquent en ces localités.

C'est à M. Woodgate que nous en empruntons la description :

« Il est deux périodes de l'année où des courses ont lieu régulièrement entre les huit avirons des différents collèges, à Oxford. C'est en mars et en mai. Au mois de mai, les équipes se composent des huit meilleurs

rameurs que chaque collège puisse réunir et la course
est la course à huit par excellence. Chaque équipe
s'efforce d'avoir la tête (expression technique consa-
crée) de la rivière ou d'en arriver aussi près que
possible. Au mois de mars, ce sont les secondes
équipes qui se disputent la victoire. On les appelle
« torpids », on ne sait pourquoi : l'origine de cette
appellation est un mystère. Comme ceux qui ont ramé
dans le Grand Huit ne sont pas éligibles pour les
torpids, il s'ensuit que les équipes des torpids se
composent, en général, des nouvelles recrues.

« Ces courses sont ainsi dirigées : à la partie de la
rivière où le départ doit s'effectuer, des piquets sont
placés à 160 pieds (soit 50 mètres) de distance les uns
des autres et chaque embarcation se place à son piquet
dans l'ordre de l'épreuve finale de l'année précédente.
La tête prend la première place, le second se met
160 pieds en arrière, et ainsi de suite selon le nombre
de collèges représentés. Chaque piquet a une ficelle
de même longueur au bout de laquelle est un morceau
de liège qui est tenu par le barreur de l'embarcation.
Au coup de feu, signal du départ, chaque équipe se
met à la poursuite de celle qui la précède. Toute équipe
qui en rattrape une autre de manière à toucher une
partie de l'embarcation qui la devance fait un « bump ».
Les deux embarcations se rangent immédiatement hors
de la piste pour laisser passer celles qui les suivent.
Le lendemain, le bateau qui a touché prend station en
tête de celui qui a été touché, et l'on recommence ainsi
pendant six jours consécutifs ; ceux qui font un
« bump » avancent chaque fois d'un cran et l'année
suivante les différents collèges prennent leurs stations
suivant le résultat de la course du dernier jour. »

Dans les courses à huit, toutes les embarcations doivent passer le même but, d'où il suit que la tête a un parcours beaucoup moindre que la queue. Le parcours est d'environ 1500 mètres.

Il est cependant certaines courses qui se font par manches de trois concurrents seulement. Dans ce cas, des piquets d'arrivée sont placés à des distances correspondant aux piquets de départ. A chaque piquet d'arrivée se tient un commissaire, le pistolet en main, qui lâche la détente dès que le nez de l'embarcation arrive à son piquet respectif. Un juge d'arrivée décide le premier coup de pistolet tiré.

Outre les courses à huit avirons dont nous avons parlé, les différents collèges d'une même Université concourent à quatre, à deux et en sculling boats ou skiffs.

Écoles publiques.

On nomme, en Angleterre, Écoles publiques, celles qui sont dirigées par un Comité, dont les statuts doivent être soumis au gouvernement et qui sont plus ou moins sous la surveillance d'une Commission spéciale du gouvernement.

Eton, Rugby, Westminster, Schrewsbury, Cheltenham et Bedford sont celles qui, par leur position, se prêtent le mieux à l'exercice de l'aviron. Chacune de ces Écoles a son Club où le rowing est plus ou moins suivi. Ces écoliers vont pour la plupart finir leurs études à Oxford ou à Cambridge, et là ils ne manquent pas de se perfectionner dans l'art de bien ramer.

Eton, située près de la Tamise, en face de Windsor, est surtout le berceau des célébrités des Universités.

Surveillés, conseillés et dirigés par le Révérend Warre, un des meilleurs rameurs d'Oxford en 1855, 1856 et 1857, les élèves de cette École arrivent à un si haut degré de perfection qu'ils ont plusieurs fois été sur le point de gagner le Grand Challenge Cup à Henley et y ont maintes fois remporté le Ladies Challenge Plate.

Les autres Écoles n'étant pas de force à lutter contre les Clubs, les collèges et Eton, le Comité de la régate de Henley leur a réservé une course spéciale à quatre avirons.

Qu'on n'aille pas croire d'ailleurs que la navigation et l'éducation ne vont pas de concert! La statistique d'Oxford et de Cambridge prouve que les élèves qui se sont distingués comme athlètes (cricket, courses à pied ou bateau, etc.) tenaient également la tête dans leurs examens.

C'est le plus bel éloge que l'on puisse faire de l'éducation physique.

Clubs de Londres.

LEANDER-CLUB

Nous avons déjà dit que c'est de la fondation de la Henley Regatta, en 1839, que date le développement du rowing amateur en Angleterre.

Les principaux Clubs existant à cette époque étaient d'abord l'Oxford Subscription-Club et le Cambridge Subscription-Club, formés de jeunes gens ayant quitté les Universités et pour qui ces Clubs formaient à Londres un centre de réunion.

Le Leander-Club, d'abord établi à Lambeth et plus tard transféré à Putney, gagna le Grand Challenge en

1840, le Steward Cup en 1849, et parut s'endormir pendant plusieurs années, mais il ne faisait que sommeiller.

Peu à peu, surtout lors de la formation du London, les Londoniens se retirèrent, et, les Oxford et Cambridge-Clubs déjà nommés étant tombés, les anciens collégiens se réunirent au Leander, qui devint ainsi un amalgame des deux Universités. Parmi les curiosités sportives, on voit des gravures, représentant les équipes du Leander ayant pour barreurs des watermen en grand uniforme, tunique rouge et chapeau blanc de haute forme.

Deux difficultés militaient contre les succès de ce Club aux régates. Les membres, ayant déjà eu plusieurs années d'entraînement, commençaient à perdre un peu du feu sacré de l'aviron et ne se décidaient qu'à grand'-peine à quitter les douceurs de Capoue.

En second lieu, comme il était en grande partie formé de jeunes gens qui, à tour de rôle, avaient été capitaines ou présidents aux Universités, ses membres avaient de la peine à reprendre le rang de simples soldats. C'était pour ainsi dire un régiment où il n'y avait que des colonels.

Mais enfin, en 1875, M. Goldie, de Cambridge, fut élu capitaine. Sa supériorité, bien reconnue, lui donna le prestige nécessaire pour obtenir la confiance et la discipline des membres. De cette époque datent les succès du Leander.

LONDON ROWING-CLUB

Parmi les Clubs fondés dans les premières années, nous trouvons le Saint-George-Club, le Thames-Club et les Argonauts. Ces Clubs ne comportaient chacun qu'un petit nombre de membres. Quelquefois ils avaient au plus de quoi former une équipe et ne vivaient qu'à force de sacrifices. Ils tombèrent peu à peu. Ils comptaient cependant au nombre de leurs membres des célébrités comme MM. Nottidge, les Playfords, Casamajor, Ireland, etc.

C'était bien à regret que les vétérans contemplaient cette décadence d'un sport aussi mâle et aussi sain. Ils arrivèrent cependant à se convaincre qu'un peu d'énergie ranimerait ce sommeil, qui pouvait n'être qu'un assoupissement.

Sous la présidence de M. J. Nottidge, une réunion eut lieu le 9 avril 1856, un Comité provisoire nommé, un règlement préparé. Le 8 mai, le Bureau était élu en assemblée générale, et, le 22 du même mois, après avoir loué un garage, acheté des embarcations, le London Rowing-Club faisait son début sur la Tamise, à Putney.

THAMES ROWING-CLUB

Le Thames Rowing-Club fut fondé en 1861, comme Club de plaisance seulement. Ses garages étaient alors chez Simmons, à Putney. Il n'y eut d'abord que peu de membres, mais le nombre s'accrut rapidement et, en 1862, quand les régates du Club furent fondées, on comptait près de cent cinquante sociétaires.

Les premières performances publiques du Thames furent une couple de courses à quatre avirons avec l'Excelsior Rowing-Club de Greenwich, en 1864 et 1866.

Depuis, le Thames Rowing-Club a prospéré au point de devenir l'émule souvent heureux du London Rowing-Club et du Leander.

En dehors de ces trois Clubs principaux, la capitale possède un certain nombre de Sociétés nautiques sur lesquelles le cadre de cet ouvrage nous empêche de nous appesantir.

Les Clubs de province ont une organisation généralement semblable à celle des Cercles londoniens.

Clubs du littoral de la mer.

Ces Clubs, composés d'amateurs, n'ont cependant pas des relations suivies avec les Sociétés de l'intérieur. On a vu leurs rameurs venir se mesurer avec nos équipes françaises à Boulogne, à Calais, à Dieppe et plus récemment encore à Paris aux régates internationales où ils échouèrent d'ailleurs à deux et à quatre.

Les plus renommées de ces associations sont celles de Southampton, Folkestone, Brighton.

Elles sont liées par un règlement commun.

Régates d'amateurs.

Nous ne parlerons que de la Henley on Thames Royal Regatta, qui est le *nec plus ultra* des courses anglaises à l'aviron.

Comme nous l'avons expliqué dans le chapitre préliminaire, l'institution de cette régate forme époque dans l'histoire du rowing anglais.

Non seulement la régate de Henley est la plus ancienne, mais elle a toujours été la plus importante, soit par sa position, soit par son prestige ; c'est la seule, du reste, qui ait jamais pu attirer les représentants des Universités, et une régate ne peut être considérée complète sans ce contingent. En effet, tout Club qui se croit de première force ne peut prétendre à la première place, s'il n'a remporté un prix à cette régate.

Les prix courus maintenant sont :

Pour huit avirons :

Le Grand Challenge Cup et huit médailles en vermeil, course ouverte à tous les amateurs.

Le Thames Challenge Cup et huit médailles d'argent, course également ouverte à tous les amateurs. Cependant la même équipe ne peut concourir pour les deux prix à la même régate.

Les grands Clubs, comme le London et le Thames, envoient leur première équipe concourir pour le Grand et leur seconde pour le Thames. Les Clubs qui ne se sentent pas de force pour le Grand envoient leur première équipe concourir pour le Thames.

Ladies Challenge Plate. Cette course est spécialement réservée aux équipes des collèges ou des grandes Écoles.

A quatre avirons :

Le Steward's Challenge Cup, course ouverte à tous les amateurs.

Le Wyfold Challenge Cup. De même. Ces deux courses ont entre elles le même rapport que le Grand et le Thames.

Le Visitor's Challenge Cup, course, comme le Ladies Plate, spécialement réservée aux collèges et Écoles.

Public Schools Cup, prix spécial, pour les Écoles seulement.

Le Town Challenge Cup, réservé aux équipes de Henley et des alentours.

A deux avirons de pointe :

Silver Goblets, ouverte à tous les amateurs.

A deux avirons de couple :

The Diamond Challenge Sculls, pour amateurs.

Le parcours de Henley est d'environ un mille un quart. La régate de Henley offre le plus joli coup d'œil qu'il soit possible de voir. C'est une réunion toute aristocratique et choisie; les dames viennent voir courir leurs fils, leurs frères, leurs fiancés, et elles ne dédaignent pas elles-mêmes de prendre un aviron. Ce sont elles qui, par leur gracieuse présence, ont porté le sport nautique à un si haut degré de considération que le rowing est agréé comme la première de toutes les récréations. La régate de Henley est par excellence la régate des dames.

Quelques rameurs étrangers ont parfois tenté de disputer le prix aux équipes anglaises à Henley, mais toujours sans succès, sauf une fois, en 1892, dans la course des Diamond Sculls, dans laquelle Ooms, rameur hollandais et champion de France, enleva la victoire.

Citons également la course à quatre de la S. N. de la Basse-Seine de Paris, dans la Steward's Challenge Cup en 1893, qui, étant devant, se vit forcée d'abandonner par suite d'une manœuvre déloyale du Thames R.-C., son adversaire.

IRLANDE

Les principaux centres du rowing en Irlande sont Dublin, Limerick, Waterford, Drogheda, Cork, Queenstown et Newry. Dans ces localités, nous trouvons les Clubs suivants :

Dublin. — University Rowing-Club. — University Boat-Club. — Pembroke R.-C. — Commercial R.-C. — Neptune R.-C. — Dolphin R.-C. — Kingstown Harbour B.-C.

Limerick. — Limerick B.-C. et Shannon R.-C.

Waterford. — Waterford B.-C.

Cork. — Shannon R.-C. et Cork Harbour R.-C.

Les régates les plus importantes sont données à Dublin et à Limerick.

Tradesmen.

LEURS CLUBS ET LEURS RÉGATES

Les Clubs de tradesmen ou d'artisans sont très nombreux sur la rivière de Londres. Le local de leurs réunions est ordinairement une taverne où on leur loue une salle à l'occasion. Les statuts et règlements sont à peu près les mêmes que ceux que nous avons donnés pour les Clubs d'amateurs. La souscription est peu élevée et se fait par payements mensuels.

Ces Clubs ont rarement des embarcations leur appartenant. Ceux qui désirent s'exercer se rendent chez un constructeur ou loueur de bateaux choisi d'avance, chaque équipe se cotise et paye son bateau à l'heure. Les constructeurs qui se lancent dans cette partie prennent la précaution, lorsqu'ils doivent renouveler leur matériel, de faire faire trois embarcations exactement semblables, en sorte que, lorsque le Club a une course quelconque, ils ont à leur disposition des embarcations égales, de façon qu'aucune équipe ne se trouve avantagée. Ces courses sont très suivies par

les amis et connaissances des rameurs, et le vapeur qui
les accompagne est toujours comble.

L'enthousiasme des partisans des différentes équipes
est frénétique.

Ces Clubs ont formé une association et donnent
deux régates annuelles.

BELGIQUE

Depuis quelques années le rowing a pris une réelle
importance en Belgique. Nous allons donner un résumé
succinct des diverses phases de ce rapide développement.

C'est à Liège qu'eurent lieu, en 1860, les premières
régates internationales à l'aviron données en Belgique
avec le concours des Sociétés et des équipes parisiennes. A la suite de ces régates se constitua le Sport
nautique de la Meuse, à qui, par conséquent, revient
l'honneur d'avoir fondé le rowing belge. Cette Société,
dès ses débuts, par la valeur de son équipe le *Lustucru* qui fut, à cette époque, la rivale le plus redoutable
des rameurs de Paris, développa partout le goût du
canotage.

En 1861, Namur organisa également des régates internationales, et cette seconde réunion donna naissance
au Club nautique de Sambre-et-Meuse. Puis Anvers,
par sa position exceptionnelle, vit successivement
se fonder trois Sociétés nautiques. Enfin Bruxelles,
marchant sur les traces de ces dernières villes, fonda
le Royal Sport nautique en 1863, puis successivement
le Cercle des Régates et l'Union nautique.

A partir de cette époque, d'année en année, toutes

les villes encouragèrent la création des Sociétés nautiques et la population suit maintenant avec un grand intérêt toutes les péripéties de ces luttes internationales.

Aujourd'hui le rowing belge possède une organisation complète. Ses Clubs réunis en Fédération mettent en ligne chaque année des équipes dont les rameurs français ont été bien souvent à même de reconnaître la valeur.

Dans ces dernières années, MM. Nisol, Choisy frères et Lamberty, dignes successeurs des Declercq et des Mathieu à Gand, Lescrauwaet frères à Bruges, Lagye, Purnelle, Chau-

Édouard Lescrauwaet.

doir et bien d'autres encore ont tour à tour, à deux, à quatre, à huit, en skiff, tenu haut et ferme le drapeau du sport nautique belge.

Les régates sont très suivies en Belgique, la faible étendue du territoire rendant les communications très faciles.

Citons, parmi les réunions les plus brillantes, celles de Bruxelles, Liège, Gand, Anvers, Bruges, etc., etc.

HOLLANDE

Par sa situation topographique, la Hollande est une des nations européennes où les exercices nautiques ont été, de tout temps, en grand honneur.

Selon toute vraisemblance, c'est à Rotterdam, sur la
Meuse, et à Amsterdam, sur l'Y, qu'ont eu lieu les
premières régates de la Hollande. Au début, les courses
à la voile et celles des canots de navires à l'aviron
ont seules constitué le programme des fêtes nautiques.
Le rowing d'amateurs ne commença guère à s'im-
planter dans les deux villes que vers l'année 1850; à
cette époque, les embarcations admises dans les
courses réservées aux gentlemen étaient des canots ou
chaloupes mesurant en largeur le quart de leur longueur, et bordant au plus quatre avirons. Vers 1855
apparurent les premiers yoles-gigs de provenance
anglaise. Les Clubs d'Amsterdam et de Rotterdam
adoptèrent immédiatement ces nouveaux types, et des
luttes brillantes eurent lieu entre les amateurs de ces
deux villes; cette rivalité fut en outre stimulée par la
création de courses réservées aux watermen. Chaque
Société entretint dans ses garages une équipe de
rameurs de profession, qui luttèrent même quelquefois avec succès contre les watermen anglais.

L'année 1860 doit marquer dans les annales du
rowing hollandais; un membre de la Société de Maas
ayant effectué la descente de la Meuse sur un podo-
scaphe, de Liège à Rotterdam, ce voyage extraordinaire fut l'occasion d'une grande fête nautique donnée
dans cette ville, et à laquelle les rameurs français
furent pour la première fois invités. L'équipe de l'*Alma*,
représentant la Société des Régates parisiennes, y
fut victorieuse et gagna le prix offert par le prince
d'Orange. Le style excellent des amateurs français
et leur parfait entraînement initièrent les rameurs
hollandais à la science du rowing, et, l'année suivante, l'équipe du Club de Hoop prit une très belle

revanche aux régates d'Amsterdam sur une autre équipe parisienne.

En 1867, Rotterdam se fit représenter, aux régates de l'Exposition universelle de Paris, par une équipe d'amateurs et une autre de watermen.

Après Amsterdam et Rotterdam, les Clubs de Leiden et de Delft, fondés par les étudiants de ces deux Universités, sont les plus connus et les plus renommés. Les rameurs de ces quatre villes ont jusqu'à ce jour dignement soutenu l'honneur du pavillon hollandais dans les régates internationales où ils ont figuré.

Nous avons parlé, en temps et lieu, des exploits de M. Ooms, d'Amsterdam, titulaire du championnat de France et des Diamond Sculls. Il serait injuste de ne pas citer également M. Schilling, qui, à plusieurs reprises, a honorablement figuré dans notre grande épreuve du championnat de France.

De tout temps, les Sociétés et les rameurs hollandais ont entretenu avec les Sociétés et les rameurs français les plus cordiales relations.

ALLEMAGNE

C'est à Hambourg, dans l'Allemagne du Nord, que grâce aux efforts de quelques amateurs anglais eurent lieu, vers 1840, les premières régates à l'aviron, à la suite desquelles se formèrent quelques Clubs nautiques. Les principaux furent : le Ruder-Club Mathilde et le Allgemeiner Alster-Club. Mais le rowing allemand ne prit réellement son élan qu'en 1853, époque où se fonda à Hambourg le Germania Ruder-Club. Cette Société sut donner au sport nautique une impulsion tellement extraordinaire qu'en moins de dix années plus de quarante Clubs d'aviron furent succesivement créés dans cette ville, qui possède d'ailleurs, avec le lac d'Alster, un bassin de régates unique au monde.

Pendant longtemps le rowing allemand n'eut pas d'autre centre que Hambourg. En 1865, date de la fondation, à Francfort, du Frankfurter Ruder-Verein, le goût des exercices nautiques se répandit dans le centre et le sud du pays. Quatre ans plus tard, en 1869, se constitua dans la même ville la Frankfurter Ruder-Gesellschaft. Ces deux Sociétés, par leur activité et la valeur de leurs équipes, peuvent être considérées comme les plus importantes de l'Empire allemand.

Depuis 1870, le rowing a constamment progressé, et son développement a été surtout très sensible durant le cours des six dernières années, pendant lesquelles la plupart des villes possédant un fleuve ou un cours d'eau navigable ont vu naître de nouveaux Clubs.

Les Sociétés allemandes ont adopté le matériel de course des Clubs du continent. Les premières courses eurent lieu en yoles-gigs sans porte-nage ; celles en outriggers ont pris depuis ces derniers temps une très grande extension, surtout à la suite de la participation des rameurs de Francfort aux régates d'Angleterre.

Au nombre des régates internationales étrangères auxquelles ont participé les rowingmen allemands, il faut citer, en 1867, celles données à Paris à l'occasion de l'Exposition universelle, et dans lesquelles figura une équipe à quatre rameurs du Ruder-Club Germania de Hambourg. En 1872, les membres du Ruder-Verein de Francfort prirent part avec succès aux courses de Zurich. En 1874, une équipe junior de la Germania de Francfort remporta quatre premiers prix aux régates d'Amsterdam et de Rotterdam. En 1876, un match en outriggers à quatre rameurs avec barreur fut conclu entre la Germania de Francfort et le London R.-C. Ce match a été couru à Putney sur la Tamise et gagné par les amateurs anglais. En 1877, cette même Société se rencontra pour la première fois à Anvers avec les membres du Cercle nautique de France ; les rameurs français furent vainqueurs dans trois courses et les Allemands gagnèrent le premier prix à six rameurs. Dans la même année, le Ruder-Verein de Francfort remporta un premier prix à Amsterdam. En 1880, la Germania retourna en Angleterre et arriva seconde dans une épreuve de la course à huit des régates de Henley, battue par le London R.-C. et précédant le Kingston R.-C.

Depuis 1870 nous n'avons plus de relations avec les Sociétés nautiques allemandes, dont les équipes, à part de rares exceptions, ne paraissent pas du reste posséder une très grande valeur, si l'on en juge par le résultat des luttes anglo-allemandes.

ITALIE

Tard venue dans le monde nautique, l'Italie a marché à pas de géant et le moment n'est peut-être pas éloigné où elle pourra revendiquer une des places de tête.

Ses Sociétés se sont groupées en Fédération et sont entrées en relation avec les autres Clubs du continent (France, Belgique, Espagne, Suisse, etc.). Nous avons pu voir, à Paris même, une équipe italienne figurer, il y a deux ans, aux régates internationales.

L'an dernier, la Fédération italienne prit l'initiative

de l'organisation d'une Fédération internationale des Sociétés d'aviron et d'un championnat international.

Les courses eurent lieu sur le lac d'Orta, près de de Turin, et se terminèrent par la victoire de la Belgique (deux et skiff), de la France (à huit) et de la Suisse (à quatre).

Le centre du mouvement nautique italien est à Turin.

SUISSE

Le rowing d'amateurs n'a fait son apparition sur les lacs suisses que vers l'année 1860. Comme toujours, ce sont des amateurs anglais qui ont organisé les premiers matches et les premières régates à l'aviron.

Le lac de Zurich est le centre le plus important du rowing helvétique; à côté des Sociétés nationales se sont fondés d'autres Clubs composés de rameurs des nationalités les plus diverses.

Chaque année, des régates fort importantes sont également données sur le lac de Genève, et les principales équipes de France, d'Italie, d'Espagne et de Belgique s'y sont parfois rencontrées.

AUTRICHE

Avant 1860, le rowing austro-hongrois n'avait pas encore d'organisation réelle. A cette époque, les fêtes données par les municipalités réservaient, dans leurs programmes, des divertissements nautiques qui ont servi de point de départ à la constitution des Sociétés d'amateurs.

Les principaux centres du rowing, en Autriche, sont à Vienne, Trieste, Prague et Pesth. Les Clubs de la capitale sont les plus florissants et possèdent également les meilleurs rameurs; depuis de longues années, les rowingmen autrichiens font usage de l'outrigger et le skiff compte parmi eux de nombreux adeptes.

Malgré plusieurs tentatives, aucune rencontre entre les rameurs autrichiens et français n'a pu avoir lieu jusqu'à ce jour

AUTRES PAYS

Il ne nous est pas possible de passer en revue tous les autres pays où le rowing existe à l'état plutôt embryonnaire. Citons parmi les contrées où il semble vouloir prendre son essor : l'Espagne et la Suède.

La Russie également semble vouloir suivre le mouvement, mais il ne paraît pas que le rowing de course y possède des adeptes bien nombreux. Quelques Sociétés nautiques y ont cependant un développement considérable et nous ne pouvons mieux clore ce chapitre qu'en citant le Yacht-Club de Saratow, qui, à la suite de la visite de l'escadre russe, vient de transmettre à la Fédération parisienne, avec ses souhaits cordiaux, une vue splendide de son garage et son pavillon brodé aux armes de Russie.

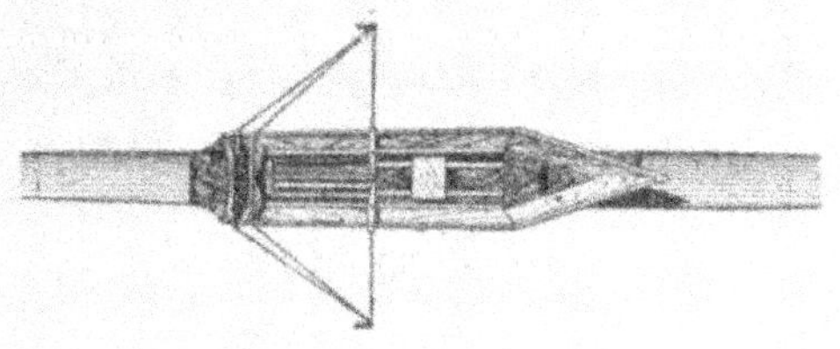

TROISIEME PARTIE

vvvvv

L'AVIRON THEORIQUE

ET PRATIQUE

On a dû remarquer souvent qu'il n'existe, en France, aucun traité d'aviron émanant d'un Français et la chose est d'autant plus étonnante que le sport nautique a atteint dans notre pays un développement considérable, tout au moins au point de vue des résultats sportifs obtenus.

Notre école, qui s'honore de ses champions capables de lutter contre ceux de n'importe quelle nation, possède, en matière de rowing, des principes et des règles fixes, absolus, qu'il était intéressant de condenser en un traité clair et succinct. C'est ce que nous allons tenter en sollicitant l'indulgence du lecteur. Certaines démonstrations sont tellement ardues qu'elles pourront paraître embrouillées, malgré le soin que nous aurons mis à les rendre intelligibles.

Nous ne doutons pas d'ailleurs qu'un instant de réflexion ne dissipe en général les hésitations, les incertitudes qui pourraient naître dans l'esprit du lecteur.

Le livre de Woodgate et l'étude de l'Allemand Rettig sur le coup d'aviron anglais sont les seuls traités dans lesquels nos compatriotes puissent trouver des données sur la bonne manière de ramer. Mais, tout en reconnaissant à ces ouvrages une grande autorité, tout en professant beaucoup d'admiration pour la somme de travail et d'observation qu'ils représentent, il nous sera permis de dire qu'ils ont à nos yeux deux défauts capitaux. D'une part, ils ont dû être traduits et ont ainsi perdu une partie des qualités de clarté et de concision qu'ils possèdent naturellement dans les éditions anglaises et allemandes; d'autre part, la théorie n'y est pas assez séparée de la pratique, ce qui rend les traités en question presque incompréhensibles pour ceux que des études approfondies n'ont pas familiarisés avec les finesses, les minuties du coup d'aviron.

Nous avons pensé faire un travail utile aussi bien aux instructeurs qu'aux novices et nous nous permettrons tout d'abord d'en soumettre le plan aux lecteurs.

Après un aperçu de la question à un point de vue général (pour ainsi dire à vol d'oiseau), nous aborderons directement l'étude du coup d'aviron (nage en pointe) dont chacune des phases sera décrite dans un chapitre distinct.

Chacun de ces chapitres sera subdivisé en trois parties : Théorie. — Pratique. — Analyse et correction des défauts.

Nous examinerons ensuite l'application de ces principes généraux à la nage en couple et nous terminerons par deux chapitres traitant l'un de la formation des équipes de course, l'autre du régime d'entraînement.

En résumé, le plan du travail se présente de la façon suivante :

Préliminaires.   Notions générales. Divisions du coup d'aviron.

Chapitre I.   L'attaque.

— II.   La passe dans l'eau.

— III.   Le dégagé, le renvoi des mains et le retour du corps sur l'avant.

— IV.   Application des principes généraux à la nage en couple.

— V.   La formation des équipes de course.

— VI.   L'entraînement.

PRÉLIMINAIRES

NOTIONS GÉNÉRALES — DIVISIONS DU COUP D'AVIRON

Le genre d'embarcation le plus pratique pour l'instruction d'un novice est un bateau (à deux ou quatre rameurs) large, stable, solide et assez lourd, une yole de mer, par exemple, à laquelle on aura fait adapter des portants permettant de ramer avec des *avirons d'outrigger*. Dans un bateau de ce genre, le débutant n'aura pas à se préoccuper du lest, il pourra consacrer toute son attention aux conseils de l'instructeur et son énergie à exécuter les prescriptions qui lui seront faites.

Le sentiment contre lequel l'instructeur devra mettre l'élève en garde, c'est la *défiance de soi-même* qui fait faire aux novices plus de fautes encore que l'inexpérience. Il sera nécessaire d'encourager le débutant en lui représentant l'action de ramer comme une chose extrêmement simple (ce qui est vrai), aussi simple par exemple que l'action de marcher.

Si l'on parvient ainsi à donner quelque assurance à l'élève, on obtiendra des résultats satisfaisants en moitié moins de temps que si on lui avait exagéré ou simplement énuméré les difficultés du sport nautique.

Ceci posé, l'instructeur installera le novice à sa place,

Le novice installé à sa place.

après s'être assuré que les agrès et l'installation ne présentent aucune défectuosité, ce dont l'élève serait parfaitement incapable de se rendre compte personnellement, puis il invitera ce dernier, comme règle générale, à se garder de tout mouvement brutal, de tout déploiement intempestif de force, à conserver son sang-froid, à ramer lentement et doucement en se tenant toujours droit, sans raideur, dans une position aussi correcte et aussi naturelle que s'il était assis sur une chaise. Le nombre est considérable des débutants qui, même au repos, prennent une attitude contrainte, courbent le dos, rentrent la tête dans les

Une attitude contrainte.

épaules, arrondissent les bras, ne savent, en un mot, quelle contenance tenir. Ceux-là devront être immédiatement rappelés à l'ordre.

Avant de commencer la démonstration détaillée du coup d'aviron, il est bon d'en donner au novice une idée générale et le système suivant, que nous avons souvent employé, a toujours produit un excellent résultat. Il est surtout praticable sur une eau courante; mais, en morte-eau, il suffira d'imprimer un léger élan au bateau.

On fait placer l'embarcation, l'étrave à la remonte, puis on prescrit au rameur de se placer sur l'avant, les mains *simplement posées à plat* sur la poignée de l'aviron. Le novice laisse alors la palette de l'aviron suivre le courant et se contente d'*accompagner* le mouvement, c'est-à-dire qu'il renverse le corps, replie les bras et les poignets, amène la main

Enseignement du coup d'aviron.

à la poitrine absolument comme s'il avait *ramé réellement*, alors qu'en définitive il n'a aucunement amené la poignée de l'aviron à lui : elle y est venue toute seule. Il a donc, *sans aucun déploiement* de force, obtenu la représentation, la *silhouette* du coup d'aviron. Cet exercice, répété une douzaine de fois, ne tarde pas à renseigner le débutant sur l'allure générale du coup et lui communique une certaine assurance.

On peut alors commencer la véritable démonstration des phases du coup d'aviron, lesquelles sont au nombre de trois :

L'attaque;

La passe dans l'eau;

Le dégagé, le renvoi des mains et le retour sur l'avant.

Ces trois parties, distinctes en théorie, sont *intimement* liées dans la pratique, comme nous le verrons par la suite.

La théorie tout entière du coup d'aviron repose sur ce principe que le meilleur parti à tirer d'une force quelconque pour la propulsion d'un mobile, c'est d'appliquer cette force d'une façon constante et régulière et d'éviter les *à-coups*, dont le plus grand inconvénient est souvent de détraquer le moteur. Ce détail a son importance lorsque, comme c'est ici le cas, le propulseur est une *machine humaine*.

Nous verrons plus loin que l'eau offre une résistance proportionnelle au carré de la vitesse avec laquelle la palette de l'aviron essaye de la traverser.

Prenons comme unité la résistance que rencontre la palette lancée à raison de 1 mètre à la seconde et supposons un instant notre palette animée d'une vitesse de 6 mètres à la seconde. Nous pouvons dans ce cas répartir nos forces de façon à faire 4 mètres dans la première demi-seconde et 2 mètres seulement dans la deuxième, ou bien 3 mètres dans chacune des demi-secondes : le chemin parcouru sera le même dans les deux cas, mais la force nécessaire pour vaincre la résistance de l'eau n'est pas égale.

Dans le premier cas, elle est de $4^2 + 2^2 = 20$ fois l'unité de résistance ; dans le deuxième cas, elle est de $3^2 + 3^2 = 18$ fois l'unité de résistance.

La vitesse uniforme est donc plus avantageuse.

On doit attaquer franchement.

CHAPITRE PREMIER

L'ATTAQUE

L'aviron n'est autre chose qu'un levier du *premier* genre (point d'appui entre la force et la résistance); mais c'est un levier imparfait en ce sens qu'il ne peut jamais trouver un point d'appui *absolument fixe*, l'eau se déplaçant sous sa pression.

Soit (fig. 1) P le point où l'aviron entre dans l'eau. Sous l'effort du rameur, le bateau avance dans la direction PA, mais

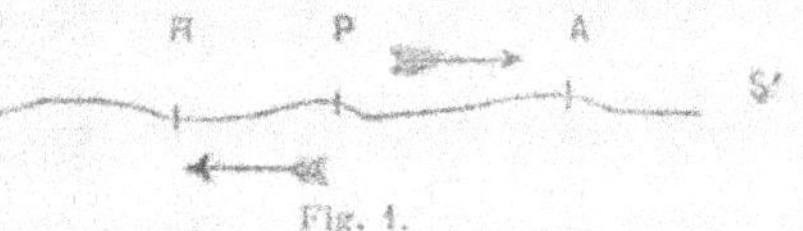

Fig. 1.

de son côté la palette recule en R. Il est facile de comprendre que dans ces conditions la lancée du bateau est inférieure de la quantité PR à ce qu'elle eût été si l'aviron, s'appuyant sur un point *rigoureuse-*

ment fixe (un pieu par exemple), fût resté au point P. Le problème à résoudre est donc celui-ci : réduire la distance PR (recul de la palette) en augmentant la fixité du point d'appui, autrement dit la *résistance* de l'eau sur la palette de l'aviron.

Or il existe un principe de physique qui peut s'énoncer de la façon suivante : Tout élément liquide oppose à un mobile essayant de le traverser une résistance *directement* proportionnelle *au carré* de la vitesse dudit mobile.

En d'autres termes, la palette d'un aviron rencontre à la vitesse de 2 mètres par seconde une résistance quatre fois plus grande qu'à la vitesse de 1 mètre seulement.

De là ressort clairement la nécessité pour le rameur de donner *ab initio* une impulsion énergique à son aviron, s'il veut obtenir un point d'appui solide.

Pour exécuter l'attaque, le rameur se place sur l'avant, les reins cambrés, les épaules basses et rejetées en arrière, la poitrine saillante, la tête droite, les genoux écartés de 25 centimètres environ, les pieds solidement appuyés sur l'étrier

Position pour l'attaque.

(*barre de pieds*), les bras étendus *complètement*, les mains entourant sans la serrer la poignée de l'aviron (les pouces en dessous, surtout pour la main placée à l'intérieur du bateau).

Cette position doit être prise et gardée naturellement, *sans aucune raideur des muscles*.

Il ne reste plus alors qu'à engager entièrement la

palette dans l'eau et à *lancer aussitôt les épaules en arrière* en conservant les bras bien étendus.

L'attaque est de beaucoup la phase la moins accessible aux novices et il est prudent de ne pas s'appesantir sur cette partie du coup, dont l'exécution parfaite ne peut être obtenue qu'au prix de nombreux essais et d'un travail assidu. Le moment précis où le rameur doit attaquer est si difficile à saisir qu'il faut une grande habitude pour ne pas le devancer ou le laisser passer. Le meilleur moyen pour juger de la bonne exécution de l'attaque consiste à s'en rapporter à l'ouïe.

Si le coup a été *bien* attaqué, on entend un bruit semblable au *déchirement* d'une bande d'étoffe.

Si l'attaque est *prématurée*, c'est-à-dire si le rameur a lancé ses épaules en arrière avant que la palette de l'aviron fût engagée dans l'eau, ce défaut est signalé par un *claquement* analogue à celui que produit un coup de battoir sur l'eau.

Si l'attaque est tardive, le rameur ayant lancé ses épaules trop tard (alors que ses coéquipiers ont déjà attaqué), l'aviron saisi par la vitesse du bateau ne trouve plus de point d'appui et file *sans bruit* entre deux eaux, telle une épave.

Outre les défauts provenant de l'avance ou du retard dans l'attaque, celle-ci peut être mauvaise pour les raisons suivantes :

1° Parce que les épaules sont lancées en arrière sans énergie ;

2° Parce que les pieds ne sont pas *plaqués* solidement sur l'étrier et ne soutiennent pas le corps dans son travail ;

3° Parce que les bras ne sont pas étendus et ne relient

pas par conséquent les épaules à la poignée de l'aviron d'une façon parfaite. Trop faibles d'ailleurs pour résister dans cette position à la tension produite par l'attaque, les bras s'allongent bientôt complètement, mais après avoir causé un ralentissement passager dans le travail.

Le défaut le plus grave et le plus fréquent chez les débutants, c'est l'attaque en *sifflet* (l'entrée en biais dans l'eau de la palette de l'aviron).

La force du rameur appliquée à la palette agit parallèlement à la surface de l'eau. La résistance de l'eau agit perpendiculairement à la surface de la palette.

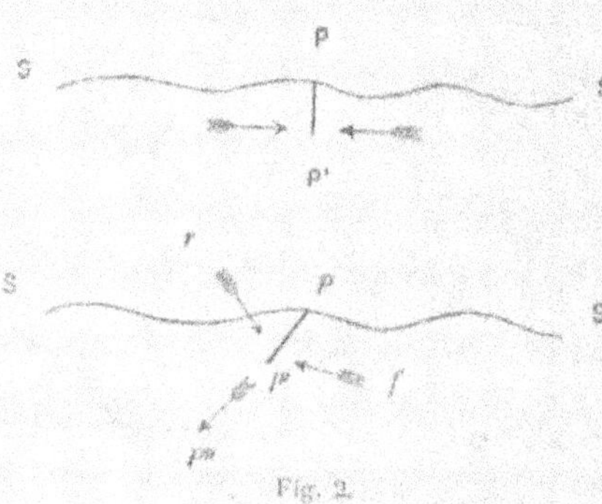

Si cette dernière est placée droite dans l'eau comme en PP' (fig. 2), la force du rameur *f* et la résistance de l'eau *r* agissent dans des directions exactement opposées et sont employées uniquement à se neutraliser.

Si l'attaque a lieu en sifflet, c'est-à-dire la palette placée suivant *pp'*, la force et la résistance agissent suivant *f* et *r* et leur résultante appliquée à la palette l'entraîne dans une direction oblique *p'p''* avec d'autant plus de rapidité que la force du rameur et par suite la résistance de l'eau étaient plus considérables.

Dans cette hypothèse, le rameur, quoi qu'il fasse, voit sa palette s'enfoncer très profondément et éprouve des difficultés considérables à la dégager.

L'attaque *en sifflet*, lorsqu'elle n'est pas due à un

aviron gauchi ou à un système faussé, provient toujours
de la position défectueuse des mains sur la poignée
de l'aviron.

L'attaque.
Bonne position des poignets.   Mauvaise position des poignets.

Les deux figures ci-dessus indiquent nettement la
différence existant entre la position correcte et une
position défectueuse. L'aviron étant prêt à attaquer,
l'avant-bras, le poignet et le dessus de la main doivent
former une ligne droite.

CHAPITRE II

LA PASSE DANS L'EAU

Une grande régularité est la caractéristique de cette partie du coup. Pendant toute la durée de son exécution, la palette doit appuyer aussi énergiquement sur l'eau qu'à l'attaque, *ni plus*, *ni moins*.

La raison en est simple :

La passe dans l'eau ne *peut* pas être *plus* énergique que l'attaque, puisque nous avons démontré que le rameur devait appliquer au commencement du coup son énergie maxima.

Elle ne *doit* pas l'être moins, car il y aurait ralentissement momentané dans la vitesse, ce qui est contraire à la théorie même du coup d'aviron (vitesse uniforme).

Nous ferons remarquer en outre que tout ralentissement de la passe dans l'eau se traduit par le rejet de la palette vers l'avant du bateau (l'eau formant ressort) et par suite le renvoi de la poignée vers l'arrière.

Il en résulte une secousse dans les épaules du tireur et un arrêt dans le renversement du corps.

Passons à l'exécution.

Le rameur, ayant attaqué convenablement, continue le renversement des épaules en allongeant les jambes peu à peu jusqu'à ce que le corps ait atteint sur l'arrière un angle de 24 degrés environ par rapport à la perpendiculaire. Les bras demeurent toujours étendus. Lorsque les jambes sont allongées *presque* complètement (elles ne doivent jamais l'être tout à fait), le rameur commence à plier les bras en ayant soin de serrer les coudes le long du corps et il amène de cette façon les mains jusqu'à sa poitrine, en pliant les poignets au fur et à mesure, jusqu'à ce qu'ils forment un angle droit avec l'avant-bras, *les reins cambrés*.

La passe dans l'eau.

Cette dernière prescription est très importante, et le croquis ci-contre démontre péremptoirement que le rameur, dont le corps cambré prend la position indiquée par ERSGP, fait autant d'arrière, puisque ses épaules arrivent au même point E, mais charge moins l'avant de son bateau et se re-

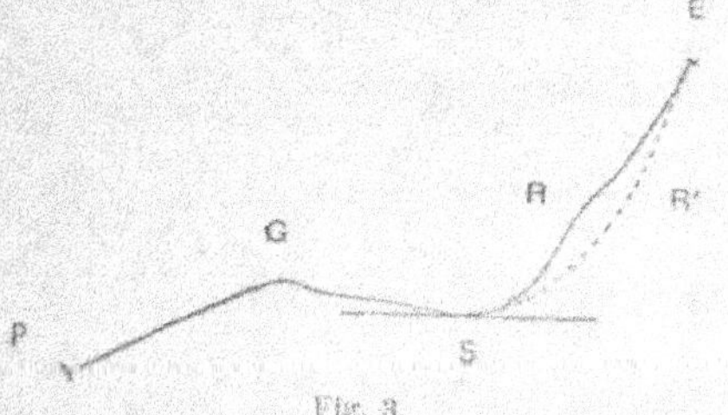

Fig. 3.

dresse plus facilement que celui qui, arrondissant le dos, prend la position ER'SGP.

Tous ces mouvements doivent être parfaitement liés les uns aux autres et combinés de façon que la palette de l'aviron soit appuyée sur l'eau jusqu'au bout avec la même énergie et dans la même position, perpendiculaire à la surface du liquide. Les jambes ne doivent pas être détendues d'un seul coup, elles *accompagnent* le travail du corps et le soutiennent constamment; c'est pour ce motif qu'il faut éviter de placer la barre de pied trop loin, car les jambes n'appuient d'une façon satisfaisante sur l'étrier qu'autant qu'elles ne sont pas complètement allongées.

Position des jambes.

Les défauts inhérents à cette partie du coup produisent tous le même résultat : irrégularité dans la pression de la palette sur l'eau; mais les causes sont multiples.

En première ligne se place le manque de liaison dans les mouvements produisant un temps d'arrêt :

Soit aussitôt après l'attaque (le jet des épaules n'étant pas immédiatement continué);

La passe dans l'eau. — Mauvaise position.

Soit après le renversement du corps (les bras n'étant pas repliés assez vite).

Ces défauts dus à l'inexpérience disparaissent assez vite dès qu'on les a signalés.

Plus graves sont les défectuosités suivantes dues à un mauvais emploi des jambes.

Rien n'est plus commun que le rameur qui *part trop tôt de la coulisse* en allongeant les jambes *avant* de renverser le corps et ce défaut doit être surveillé et combattu avec soin, car il est capital. Le rameur qui en est affligé est capable de donner un coup d'aviron assez vigoureux jusqu'à ce que la coulisse soit arrivée à l'extrémité des rails. Jusque-là les muscles des jambes les plus robustes du corps humain, proportionnellement, ont travaillé énergiquement, mais les épaules qui commencent ensuite leur renversement n'ont plus l'appui des jambes et travaillent mollement.

Ce défaut sera corrigé sur un banc fixe.

Le défaut contraire, quoique moins fréquent, est également à craindre. Il consiste dans le retard qu'apporte le rameur au développement des jambes, celles-ci se détendant d'un seul coup lorsque le corps a atteint sur l'arrière son maximum d'inclinaison. Dans ce cas, c'est la première partie du coup qui est effectuée avec mollesse.

Une autre catégorie de défauts est due à la mauvaise position de l'aviron dans l'eau, résultant de la manœuvre défectueuse des poignets.

La palette de l'aviron, avons-nous dit, doit conserver jusqu'à la fin du coup une position perpendiculaire à la surface de l'eau, autrement elle s'enfoncerait comme il a été démontré précédemment (attaque en sifflet).

Le moyen d'obtenir ce résultat est de conserver jusqu'au dégagé le dessus de la main parallèle au bord du bateau et par suite à la surface de l'eau SS' (fig. 4), car la palette de l'aviron AB est toujours *perpendiculaire* à la surface supérieure de la main (partie PP') comprise entre le poignet et les premières articulations des doigts.

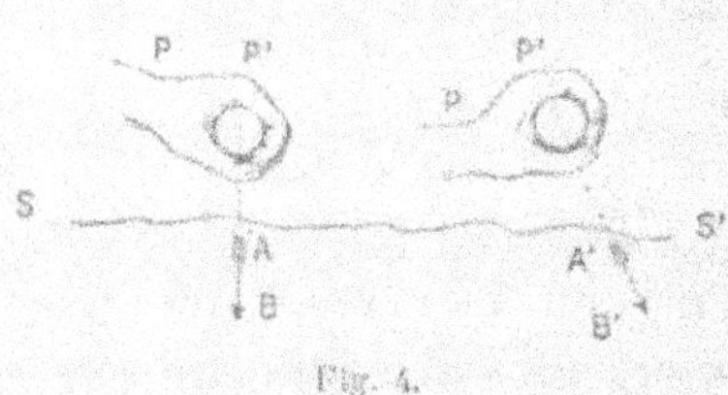

Fig. 4.

Si à un moment donné le rameur ayant l'aviron dans l'eau laisse tourner ses poignets dans la deuxième position de la figure, la palette prend la direction A'B' et se trouve placée en sifflet. Le dégagé devient impossible.

Pour terminer, nous ferons remarquer qu'il est nécessaire de conserver, pendant la durée du coup dans l'eau, l'aviron immergé à une profondeur uniforme. Les mains doivent par conséquent se mouvoir dans un seul plan horizontal parallèle au bordage du bateau. La phrase habituelle des instructeurs : « Levez les mains à la fin du coup », contient donc une hérésie. Les mains ne doivent pas être levées, elles doivent rester dans le même plan. Seulement, comme sur l'arrière le corps se baisse un peu, les mains restant dans le même plan paraissent se lever. En réalité, on devrait dire : « Ne baissez pas les mains à la fin du coup. »

CHAPITRE III

LE DÉGAGÉ

Lorsqu'un mobile se déplace sur un corps flottant, celui-ci se met en mouvement *en sens inverse* et le chemin qu'il parcourt est proportionnel au poids et à la vitesse du mobile.

Il résulte de ce principe :

1° Que depuis l'attaque jusqu'au complet renversement du corps en arrière, le rameur se déplaçant de l'arrière sur l'avant, le bateau recule de l'avant vers l'arrière et ce, d'autant plus que l'élan du corps a été plus énergique;

2° Qu'au contraire, lorsque le corps reviendra à la position de l'attaque, le bateau s'élancera sur l'avant.

Ce qui revient à dire que, pendant l'attaque et la

passe dans l'eau, le corps emmagasine — comme le volant d'une machine — au détriment de la vitesse du bateau une certaine force qu'il restituera pendant le retour sur l'avant.

C'est du parfait équilibre de cet emmagasinement et de cette restitution que résulte la marche *uniforme*, condition essentielle de la vitesse comme nous l'avons démontré.

Le problème se pose ainsi : Étant admis que le corps à la fin du coup dans l'eau possède une force ou vitesse *latente*, il s'agit d'employer utilement cette force ou vitesse.

A priori, il appert qu'il serait désavantageux de rejeter vivement le corps sur l'avant, car, le rameur étant obligé de s'arrêter ensuite pour respirer, il s'ensuivrait un temps d'arrêt et une rupture dans l'uniformité de la marche. Le corps doit donc être ramené lentement, de façon que la restitution de vitesse se répartisse *également* sur le temps qui s'écoule entre le moment du dégagé et la reprise de l'attaque.

Ce premier point acquis, nous allons établir qu'il est indispensable de sortir l'aviron de l'eau rapidement et de lancer immédiatement les mains en avant en allongeant les bras rapidement.

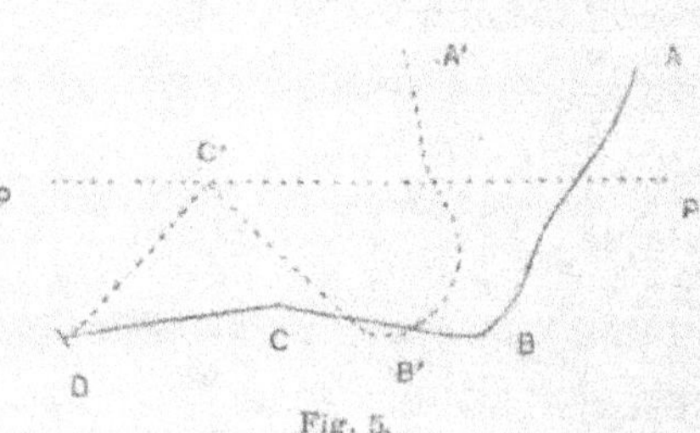

Fig. 5.

Deux raisons y obligent le rameur :

1° *Nécessité physique*. — Les mains doivent avoir dépassé les genoux avant que le corps commence son retour sur l'avant, autrement il se produirait une rencontre des mains et des genoux lorsque ceux-ci s'élèvent pendant la flexion des jambes tirant le corps comme il est indiqué dans le croquis ci-contre.

ABCD représente la position du corps sur l'arrière.

A'B'C'D représente la position du corps à moitié environ du retour sur l'avant.

PP', le plan d'action des mains.

On voit que le point C' (genoux) rencontre le plan PP'.

2° *Nécessité mécanique*. — Lorsque le corps a atteint son maximum d'inclinaison sur l'arrière, la palette a terminé son action et il importe, pour éviter un arrêt de travail, de commencer immédiatement la restitution de vitesse, c'est-à-dire qu'on doit retirer vivement la palette de l'eau et allonger les bras aussitôt pour pouvoir commencer à ramener le corps sur l'attaque.

Quelle que soit d'ailleurs la rapidité avec laquelle ces mouvements ont été exécutés, ils n'en prennent pas moins une petite fraction de temps pendant laquelle aucun travail utile n'est effectué. Pour réagir contre cet amortissement momentané de la vitesse, la première partie du retour du corps sur l'avant devra être exécutée un peu plus vivement jusqu'à ce que le corps ait repris la verticale. Autrement dit, les épaules doivent presque accompagner le jet des mains en avant et l'allongement des bras. L'important est d'éviter toute secousse qui, nous ne saurions trop le répéter, amène des variations fâcheuses dans la vitesse.

De tout ce qui précède découlent les règles suivantes pour l'exécution du dégagé et du retour sur l'avant :

L'aviron étant bien appuyé sur l'eau à la fin du coup (les poignets à angle droit avec l'avant-bras), baisser légèrement les mains pour faire sortir la palette de l'eau

perpendiculairement à la surface du liquide (1), renverser les poignets de façon à mettre la
pelle à plat et lancer vivement les mains
en avant en allongeant les bras et
en redressant le corps, laisser
ensuite ce dernier suivre
tranquillement l'im-
pulsion et reve-
nir jusqu'à

Baisser les mains et renverser les poignets

l'extrémité de la coulisse (les jambes
fléchissant à mesure). Reprendre alors l'attaque *sans
délai*, dès que le corps a repris la position décrite au
chapitre Ier.

Tous ces mouvements doivent être exécutés avec
souplesse et *parfaitement liés*.

Observation importante : Il est
utile, pour préparer l'attaque,
de commencer à retourner l'a-
viron dès que la pelle revenant
sur l'avant a dépassé le système.

Le dégagé peut être défec-
tueux, soit parce qu'il a été mal
préparé, soit parce qu'il a été
mal *exécuté*.

Allonger vivement les bras.

Dans le premier cas, il y a généralement insuffisance
de pression sur l'eau à la fin du coup, soit que le coup
n'ait pas été appuyé jusqu'au bout, soit que le rameur

---

(1) Les rameurs très exercés ne baissent pas les mains, ils se contentent de retourner l'aviron dans le vide produit derrière la palette par
la pression énergique de celle-ci sur l'eau.

tire l'aviron à lui et le fasse sortir du système en amenant les mains à la poitrine.

Dans le second cas, la faute est due :

1° A une interversion dans les mouvements des poignets, le *renversement* de ces derniers précédant l'*abaissement* des mains. Il s'ensuit que l'aviron, étant encore dans l'eau, se place en biais et ne peut plus sortir franchement. Il faut alors, à terre, décomposer ces mouvements devant l'élève jusqu'à ce qu'il en ait parfaitement compris la succession. En pratique celle-ci est tellement rapide qu'il est fort difficile à un œil non exercé de l'apprécier clairement.

2° A ce que le rameur *ne finit pas le coup d'aviron*, c'est-à-dire, au lieu de faire mouvoir les mains dans un même plan, les abaisse lorsque le corps se renverse en arrière; il s'ensuit que l'aviron sort de l'eau avant d'avoir terminé son action.

Les imperfections du dégagé et leurs causes sont facilement appréciables par la seule inspection de la palette de l'aviron à sa sortie du liquide.

Si le dégagé est bon, l'aviron sort de l'eau nettement, sans faire jaillir une goutte de liquide.

Si les poignets ont été renversés avant l'abaissement des mains, l'aviron sortant en biais enlève, comme le ferait une cuiller, une petite quantité d'eau qui s'écoule pendant le retour sur l'avant. Si les mains ont été abaissées trop tôt, l'aviron, continuant son action dans l'air, projette de l'eau vers l'arrière de l'embarcation.

Le *manque de mesure* est pour ainsi dire l'unique faute qu'on puisse commettre dans le *retour du corps sur l'avant;* le rameur ne mesurant pas son élan se trouve parfois en avance, parfois en retard, et il en résulte autant d'à-coups dans la marche. Le rameur ne doit jamais permettre à son corps d'obéir à une impulsion dont il ne serait pas complètement maître.

En terminant ce chapitre, nous devons faire remarquer que tous les principes exposés jusqu'à présent se rapportent à la nage sur *banc à coulisse*. La nage sur *banc fixe* n'étant plus utilisée qu'au début de l'instruction des novices, il ne nous a pas paru utile de faire une démonstration spéciale à ce sujet et nous en aurons dit assez en déclarant que les principes de l'une et l'autre nage sont identiques, sauf en ce qui concerne la manœuvre des jambes particulière aux bancs à coulisse.

L'exercice en skiff.

CHAPITRE IV

LA NAGE EN COUPLE

En thèse générale, les principes applicables à la nage *en pointe* le sont également à la nage *en couple*. Les quelques différences de détail proviennent exclusivement de la possibilité de faire plus d'avant et plus d'arrière en couple qu'en pointe, et la raison en est bien simple.

En pointe, si l'avant dépassait une certaine limite, le rameur serait obligé, pour suivre le mouvement de la poignée dans l'arc de cercle qu'elle décrit, de se placer obliquement à l'attaque, et l'action de son corps serait alors oblique par rapport à celle des jambes.

Sur l'arrière, les mains ne peuvent pas dépasser la

limite du renversement du corps, puisqu'elles viennent
buter sur la poitrine.

Il n'en est pas de même en couple. Sur l'avant, le
rameur peut s'allonger autant que sa stature le lui permet, parce que son corps reste toujours dans le même
plan longitudinal (quille du bateau). Sur l'arrière, avec
la même inclination de corps, les bras peuvent se replier
plus complètement et les mains dépasser le plan du

On ne doit pas exagérer l'arrière.

corps, parce qu'au lieu de buter *contre lui* elles passent
de chaque côté.

Woodgate, dans son traité, prétend que le corps doit,
en couple, se renverser davantage sur l'arrière et qu'il
faut que la flexion des bras soit accompagnée d'un
commencement de redressement du corps, car celui-ci,
étant très incliné et ne trouvant pas dans les muscles
abdominaux la force nécessaire pour opérer son redressement entier, devrait prendre un point d'appui sur la
poignée de l'aviron. En un mot, pendant la dernière
partie du coup dans l'eau, le corps doit venir au-devant
de la poignée de l'aviron.

Tout ceci ne semble pas très logique. Le corps sur

l'arrière, outre qu'il pèse sur l'avant du bateau, est, ne fût-ce qu'au point de vue mécanique, dans une position trop désavantageuse pour qu'il y ait utilité à l'exagérer au détriment la plupart du temps de l'énergie de la fin du coup.

On doit faire d'arrière ce qu'il est nécessaire pour permettre à la poitrine de se dilater et aux mains de dégager commodément l'aviron, rien de plus, et le *supplément d'arrière* qu'un rameur peut faire en couple proviendra exclusivement de la possibilité de ramener les mains au delà du plan du corps.

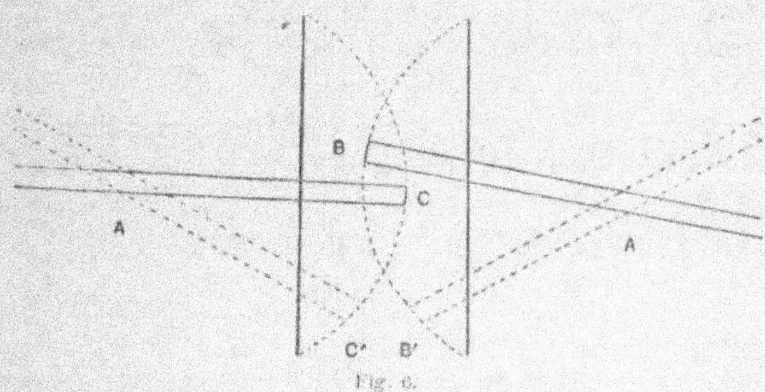

Fig. 6.

Le levier intérieur des avirons de couple AB (fig. 6) est calculé de telle sorte que l'extrémité arrive près des côtes lorsque le corps est sur l'arrière. Il s'ensuit que dans la position AC perpendiculaire aux bordages du bateau les poignées se recouvrent de la quantité BC et le rameur doit passer une main au-dessus de l'autre. Il n'y a aucune raison pour que l'une ou l'autre main soit préférablement placée au-dessus; mais il est utile que les sociétaires d'un Club s'habituent à passer tous la même main. Cette mesure est indispensable pour la formation des équipes de couple.

L'application la plus générale de la nage en couple est le skiff et, dans ce genre d'embarcation, le point important est la *direction*.

Dans un skiff, le rameur règle sa direction par le seul jeu des avirons, à chacun desquels il applique une énergie plus ou moins grande suivant qu'il veut lancer son bateau sur bâbord ou sur tribord. Un rameur doit bien se persuader qu'il a tout à gagner en prenant l'habitude de se bien diriger et qu'il perdra en course moins de terrain, en appliquant une partie de ses forces et de ses facultés à garder constamment sa ligne, qu'en employant toute son énergie à la propulsion du bateau, quitte à remettre de temps en temps ce dernier dans la bonne direction dont il s'écarte à chaque coup.

Pour se diriger en skiff, pas n'est besoin de se retourner souvent. Il suffit de marquer sur le parcours quelques points de repère et de se guider sur la position de l'étambot vis-à-vis desdits repères.

CHAPITRE V

COMPOSITION DES ÉQUIPES

Le mélange de force et de souplesse qui caractérise le coup d'aviron doit se retrouver dans les éléments constitutifs d'une équipe. Seulement, comme ces deux qualités sont rarement réunies chez un même individu, on se trouve conduit en général à grouper suivant la place qu'ils occuperont dans l'embarcation des individus présentant des aptitudes différentes. Dans le choix de leurs hommes, les entraîneurs doivent être guidés par un certain nombre de règles ayant pour but d'assurer la stabilité du bateau et une répartition avantageuse des forces au point de vue mécanique.

Or :

1° Dans une embarcation armée en pointe, la bordée du chef de nage a moins d'action que l'autre sur la *direction, elle doit donc être physiquement supérieure, pour que le bateau marche droit.*

2° Les hommes les plus rapprochés de l'avant ont plus d'action que les autres sur l'*équilibre*, car leur influence s'exerce sur la partie du bateau qui (principalement pendant le retour sur l'avant) cale le moins d'eau. *Ces hommes ne doivent donc pas être de grande*

Les rameurs les plus lourds seront placés au milieu.

taille (comparativement à leurs coéquipiers), car, le centre de gravité de leurs corps étant plus élevé, l'équilibre serait moins stable.

3° L'avant et l'arrière de l'embarcation doivent être très dégagés, de façon que les pontages ne passent pas sous les lames et que l'eau ne heurte pas l'hiloire pendant la marche. *Les rameurs les plus lourds* seront en conséquence placés au milieu.

4° Enfin le chef de nage doit posséder des qualités spéciales de sang-froid, d'endurance et de *style*, car c'est sur lui que les rameurs prennent exemple. Ces qualités, les premières surtout, ne sont pas de celles qu'on acquiert même par un travail acharné. Elles sont inhérentes à la nature de l'individu, et c'est à l'entraîneur de savoir les distinguer d'abord, les mettre en valeur ensuite.

En pratique, ces règles nous indiquent, par exemple, que, pour une équipe à deux de pointe, le *deux* ne doit être ni plus grand ni plus lourd ni plus robuste que l'as ;

Que, dans une équipe à quatre de pointe, le *quatre* ne doit être ni plus grand ni plus lourd ni plus robuste que les autres ; qu'on doit mettre au deux et au trois les hommes les plus robustes, et à l'as le mieux stylé, le total des forces de l'as et du trois étant nécessairement supérieur à celui du deux et du quatre.

Etc., etc.

Ces différentes règles sont applicables aux équipes de couple, sauf la première relative à la direction, les deux bordées s'équilibrant naturellement en couple.

En transgressant l'un ou l'autre de ces principes, on peut faire d'assez bonnes équipes, mais on n'obtiendra jamais une équipe réellement supérieure.

Équipe à huit.

CHAPITRE VI

L'ENTRAINEMENT

L'observation parfaite des règles précédemment établies constitue le *style* et entre pour une bonne part dans la supériorité d'un rameur ou d'une équipe; mais le *style* ne suffit pas pour que cette supériorité s'affirme nettement dans toutes les circonstances, car les défauts de nage peuvent se trouver compensés par une force physique et une endurance plus grande. Il importe donc, si l'on veut atteindre la perfection, de développer également ces deux dernières qualités.

L'*entrainement* a pour but de mettre l'organisme humain à même d'effectuer dans les meilleures conditions possibles le travail exigé par le coup d'aviron et de résister à la fatigue qui en est la conséquence.

Débarrassée des considérations médicales qui ne

peuvent trouver place ici, la théorie de l'entraînement repose sur l'étude des phénomènes que produit la fatigue et des moyens propres à y remédier.

Les muscles sont les moteurs du coup d'aviron; mais leur parfait fonctionnement est subordonné au jeu régulier :

1° Du *cœur*, qui a pour mission de chasser des muscles vers les poumons les produits dont se charge le sang sous l'influence de la fatigue. Ces produits, composés en grande partie d'acide carbonique, déterminent l'engorgement et l'arrêt de travail des muscles;

2° Des *poumons*, qui doivent expulser du sang les produits de la fatigue.

Une autre cause, extérieure celle-là, peut s'opposer au jeu des muscles. Je veux parler des masses de graisse qui pendant les périodes de repos s'amassent autour d'eux.

Il résulte de ce qui précède qu'il faut :

Assurer le fonctionnement mécanique, régulier et continu des poumons et du cœur (*exercice et régime*);

Déterminer la combustion et, par suite, la disparition des masses graisseuses enveloppant les muscles (*exercice*);

Éviter toute nourriture propre à favoriser la formation soit des produits de la fatigue, soit de nouveaux dépôts adipeux (*régime*).

Les prescriptions à suivre pour atteindre ce résultat constituent la *méthode d'entraînement*, qui comprend deux parties distinctes : le *régime* et l'*exercice*.

Le régime consiste dans l'observation de certaines règles alimentaires et hygiéniques.

Aliments. — Exclusion des aliments et boissons qui peuvent causer une augmentation des produits de

la fatigue dans les muscles (alcools principalement).
Exclusion des aliments qui déterminent des dépôts
adipeux autour des muscles (corps gras, farineux, fécu-
lents, sauf quelques exceptions;—aliments sucrés pour
certains individus).

Choix d'aliments propres à réparer, avec le minimum
de fatigue pour l'estomac, les pertes causées dans les
tissus et dans le sang par les exercices dont il sera
question plus loin.

En vertu de cette dernière règle, les repas devront se
composer de viandes saignantes de bœuf et de mouton
comme pièces de résistance. Mais, pour neutraliser les
paresses d'estomac résultant d'un régime trop uniforme,
on devra faire entrer dans le menu des œufs, de la
volaille, du poisson (sans sauces autant que possible),
des légumes frais, choux, cresson, asperges, pois, hari-
cots verts, etc. Les desserts se composeront de confi-
tures, fruits frais, oranges, etc.

La quantité de boisson doit être modérée et pourra
varier suivant l'état de la température. Elle ne devra pas
dépasser trois quarts de litre par repas.

Avant de s'endormir, il sera utile d'absorber un verre
de gruau à l'eau pour combattre l'empâtement de la
bouche.

Hygiène. — Une vie réglée est de la plus grande
importance. Huit heures de sommeil au minimum sont
indispensables. Les repas doivent être séparés par un
intervalle maximum de sept heures, et fixés, par exemple,
comme suit :

Déjeuner léger à huit heures, dîner à une heure, sou-
per à huit heures.

Le matin, après le réveil, douche froide ou plongeon
en pleine eau, suivi de frictions. Lavage et massage après

l'exercice ou la course. On doit éviter, sous peine
d'affaiblir les hommes, de commencer les exercices au
moment de la journée où le soleil est encore ardent.

L'*exercice* régulier et quotidien auquel se livrent un
rameur ou une équipe pendant un certain laps de temps
avant de se présenter en course a pour but :

D'habituer les organes à l'effort qui leur sera de-
mandé le jour de la lutte ;

De faire disparaître les masses graisseuses qui enve-
loppent les muscles ;

De donner aux rameurs ce que nous appellerons la
science du bateau, science toute de pratique, de laquelle
dépend notamment l'*ensemble* si important en équipe.

On conçoit facilement que la façon de procéder pour
les exercices diffère suivant qu'il s'agit de rameurs juniors ou de rameurs seniors. Ces derniers, étant, de par
leur qualité, censés posséder la *science du bateau*, peuvent
immédiatement commencer les exercices sur la distance
de course et à une allure assez vive. Les juniors, au
contraire, ayant appris à ramer dans les bateaux très
stables, se trouvent toujours dépaysés lorsqu'il leur faut
tirer dans des embarcations de course, et il s'écoule
un certain temps avant qu'ils soient en mesure d'effectuer correctement leur travail sur la distance voulue.
Le meilleur moyen pour donner de l'assurance à une
équipe juniore, c'est de lui faire ramer lentement quelques longs parcours. Une promenade d'une vingtaine
de kilomètres faite chaque dimanche pendant trois ou
quatre semaines remplira parfaitement le but. Il ne faudra
pas hésiter, au cours de ces excursions, à faire stopper
l'équipe aussi souvent que l'exigera la nécessité d'adres-
ser aux équipiers des observations sur leurs défauts.

Je suppose maintenant que les juniors sont arrivés par ce travail préliminaire au point où en sont les seniors avant de commencer tout exercice. A partir de ce moment, le travail des deux équipes est identique; mais il sera bon cependant de ménager davantage les juniors, qui sont moins complètement formés et ont d'ailleurs moins de graisse à perdre que leurs aînés.

Il ne faut pas hésiter à faire stopper l'équipe.

La préparation pour la plupart des régates pourra se faire sur une distance de 4000 mètres (total de l'aller et du retour). L'exercice devra être scindé en plusieurs parties séparées par des arrêts moins nombreux et moins longs à mesure qu'on approchera de la date fixée pour la course. La durée de l'entraînement ne devrait pas (pour les raisons exposées plus loin) excéder quatre à cinq semaines, il devrait se terminer deux jours avant la régate.

Les exercices seront ainsi réglés :

Première semaine. — Exercices à allure lente (25 à 26 coups pour les juniors, 27-28 seniors), arrêts assez fréquents, de 500 en 500 mètres s'il est nécessaire.

Deuxième semaine. — Augmenter l'allure (27 en juniors, 29 en seniors), faire quelques parcours de 1000 mètres au moins.

Troisième semaine. — Porter l'allure à 28 en juniors, 30 en seniors. Tous les jours, un parcours de 1500 mètres; tous les deux jours, un de 2000 mètres.

Quatrième semaine. — Tous les jours, un parcours de 2000 mètres (30-31 en juniors, 32-33 en seniors). Tous les deux jours, départ accéléré (36 juniors, 38 seniors au minimum pendant une minute), continuer le parcours à l'allure ordinaire.

Cinquième semaine. — Étudier les départs accélérés et bien ensemble. Ne plus faire qu'un ou deux parcours.

Le meilleur procédé pour partir consiste, suivant nous, à donner un coup bref (demi-coulisse, la palette et l'aviron en face le système), un plus long, et ensuite la brassée ordinaire.

Les indications ci-dessus sont données à titre d'exemple; il s'ensuit que l'ordre et la durée des exercices pourront être modifiés au gré de l'entraîneur, selon les circonstances et la nature des rameurs. Il est toutefois très important de conserver intact le principe de l'entraînement graduel et limité, si l'on ne veut arriver à fatiguer les hommes moralement et à déterminer, au point de vue physique, les regrettables phénomènes du *surentraînement*.

L'état de *surentraînement* est celui du rameur chez lequel l'excès du travail amène une diminution dans le rendement de sa force musculaire.

Depuis le moment où commence l'entraînement jusqu'à celui où il s'achève, le rendement de force du rameur subit des fluctuations qu'on peut représenter par la courbe suivante :

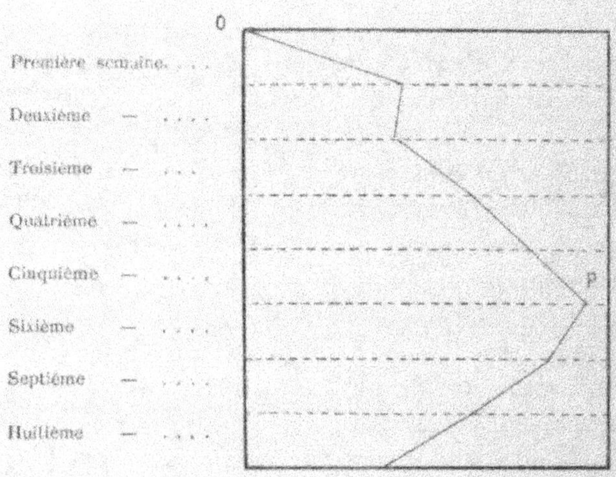

Le rendement de forces augmente comme on voit jusqu'au point P (fin de la cinquième semaine). Il y a cependant, au cours de la deuxième semaine, une légère défaillance, due à ce que l'usure des tissus et la perte de poids, plus considérables qu'à toute autre époque, ne sont pas en rapport avec l'augmentation des forces musculaires.

A partir de la cinquième semaine, le phénomène suivant se produit :

Les muscles, par suite du travail précédent, se sont peu à peu élargis pour donner passage au sang violemment chassé par le cœur. Cet élargissement, d'abord momentané, devient peu à peu définitif. A ce moment, le cœur ne pouvant plus fournir assez de sang pour remplir les conduits musculaires, il se produit un abaissement de pression et une diminution correspondante de force.

Nous disons que ce fait se produit vers la fin de la cinquième semaine. Ceci est une moyenne, car le surentraînement peut se manifester soit plus tôt, soit plus tard; tout dépend de la constitution du rameur, et il importe que l'entraîneur surveille attentivement ses hommes, pour ne pas leur laisser atteindre le point critique.

Les hommes puissants sont peut-être plus que tous autres exposés aux inconvénients susmentionnés, si leur entraînement est trop hâtif. La perte de la graisse et l'augmentation du volume des conduits musculaires n'ayant aucune coordination, il peut arriver en effet que le surcroît de travail nécessaire pour la combustion du dépôt adipeux augmente beaucoup les chances de *surentraînement*. Il est donc préférable que lesdits rameurs subissent une *préparation* à l'entraînement et qu'avant de commencer les exercices, ils perdent une partie de leur graisse. Quelques promenades sur de longues distances à pied ou à l'aviron seront utiles dans ce cas.

La tendance au surentraînement une fois constatée chez un rameur, on devra employer comme remèdes le repos (si le rameur fait partie d'une équipe, il devra être remplacé pendant quelques jours) et les douches froides qui ont la propriété de resserrer les tissus musculaires.

Avant de terminer, nous démanderons la permission de revenir, pour l'expliquer, sur une expression dont nous nous sommes servi précédemment : *la science du bateau*.

C'est une chose bien compliquée que cette *science du bateau*, mais c'est une science que tout rameur digne de ce nom doit posséder, car elle lui est aussi nécessaire que la science hippique à l'écuyer. Seule elle lui permet de reconnaître les qualités et les défauts de son embarcation, de tirer parti des unes et de remédier aux autres. Seule elle peut lui indiquer en course le point faible de ses rivaux et lui permettre d'en profiter.

Un vrai rameur doit savoir tout ce qui de près ou de loin se rattache à la science nautique : la natation, la nage en pointe ou en couple, la direction au pied ou à la main, l'art de manœuvrer une embarcation, de s'y trouver à l'aise, de n'y jamais gêner les autres. Il doit même avoir quelques principes de construction et de réparation.

En aucune circonstance, celui qui possède la science du bateau ne se déconcerte. Son esprit, ses muscles sont prêts à parer non seulement à ses propres fautes, mais à celles de ses coéquipiers. Qu'une embardée arrive, il redressera le bateau sans perdre un coup d'aviron; qu'une collision se produise, il verra d'un coup d'œil la manœuvre la plus propre à en annuler les inconvénients. Si cette collision a des effets plus graves et que le bateau vienne à couler, vous verrez ce même rameur grouper autour de lui ses camarades, leur indiquer les mesures à prendre pour leur sauvetage et celui de l'embarcation. Il saura quels soins il faut prodiguer aux victimes de la submersion. Plus tard, il s'occupera du bateau, décidera s'il est possible de le réparer, et le réparera lui-même au besoin.

Un tel homme n'a pas de prix pour une équipe, il engendre la confiance, il est le chef incontesté et lorsqu'il a dit : « Cela doit être, » pas un de ses camarades ne met en doute que cela sera.

Car, il faut le dire hautement, notre sport n'est pas un amusement frivole. Plus que tout autre, c'est une école des vertus militaires : la résistance, la décision et la discipline. C'est pourquoi les rameurs de nos Sociétés ont toujours fait de bons soldats. C'est pourquoi en travaillant pour le sport nautique nous pouvons nous flatter à juste titre de travailler pour la grandeur de notre chère patrie.

CODE DES COURSES

Comme nous l'avons dit précédemment, l'absence
de réglementation uniforme fut pendant un laps de
temps très considérable une source de conflits entre
les Sociétés et les rameurs. Chose bizarre, cependant,
bien que chacun eût reconnu les inconvénients que
présentait cette situation, et que chaque rameur en
eût été victime au moins une fois, il fallut toute l'énergie de ceux qui s'étaient attelés à la tâche de donner
une organisation nautique à la France pour faire
triompher leur cause. C'est un devoir pour nous de

citer parmi ces dévoués MM. Fleuret, Philippe, Vieira, Nebel, Jeanneney, Lepère, Lein, Stock, Maréchal, Patry, Vacherot de Paris, auxquels se sont associés la plupart des présidents des Sociétés de province et les rédacteurs des journaux spéciaux, le *Yacht*, la *Revue des Sports*, l'*Aviron*, qui tous ont contribué à la création ou à la modification du Code des courses, dont nous donnons le texte ci-après. Tel qu'il est actuellement, ce document, sans présenter les caractères de la perfection absolue, refusée, hélas, à toute œuvre humaine, n'en est pas moins un modèle de clarté et de concision, et rend chaque jour de véritables services dans son application en régates.

Avec la législation actuelle, les conflits, s'ils se produisent, ne peuvent s'étendre ; les discussions, si elles naissent, ne sauraient s'envenimer ; rameurs et juges sont couverts par la même autorité, le même texte, et tout le monde est obligé de s'incliner. Il arrive bien que parfois un condamné se soit permis de maudire ses juges (on a, dit-on, vingt-quatre heures pour cela), mais la sentence prononcée n'en a pas moins force de loi, n'en est pas moins respectable et, hâtons-nous de le dire, respectée.

La *loi*, dira-t-on, n'est pas toujours la *justice*; certes ; mais, si l'homme est en ses œuvres sujet à erreur, c'est déjà un résultat magnifique que de lui avoir enlevé en grande partie la possibilité de commettre des dénis de justice.

En matière de sport, il n'est permis de suspecter sans preuves la loyauté de qui que ce soit. Si le Code des courses, en son application, a pu léser parfois quelque individualité victime d'un cas non prévu ou d'une application trop rigoureuse du règlement, les intérêts du plus grand nombre sont du moins sauve-gardés.

Le Code des courses est un frein puissant apporté à l'emballement qui se produit toujours à la suite d'une lutte et que ressentent également juges et rameurs; c'est un appel énergique à l'impartialité de ceux-ci et au calme de ceux-là, un éloquent plaidoyer à l'efface-ment des intérêts particuliers devant les intérêts géné-raux.

Pour toutes ces raisons, les auteurs du *Code des courses* ont droit à la reconnaissance de tout rameur digne de ce nom, en eût-il même été une fois victime.

CONVENTION

ENTRE

L'UNION DES SOCIÉTÉS D'AVIRON DE FRANCE

LA

FÉDÉRATION DES SOCIÉTÉS NAUTIQUES DU NORD
DE LA FRANCE

ET

L'UNION NAUTIQUE DES SOCIÉTÉS DU SUD-OUEST

~~~~~~

Dans le but d'aider au développement du rowing français et d'organiser la défense de ses intérêts par la mise en commun de leurs efforts séparés et de leur influence respective, L'UNION DES SOCIÉTÉS D'AVIRON DE FRANCE, LA FÉDÉRATION DES SOCIÉTÉS NAUTIQUES DU NORD DE LA FRANCE *et* L'UNION NAUTIQUE DES SOCIÉTÉS DU SUD-OUEST *adhèrent à la présente convention qui entrera en vigueur le 1er janvier 1891.*

I

Le Code de courses ci-après, approuvé par l'UNION DES SOCIÉTÉS D'AVIRON DE FRANCE, la FÉDÉRATION DES SOCIÉTÉS NAUTIQUES DU NORD DE LA FRANCE et l'UNION NAUTIQUE DES SOCIÉTÉS DU SUD-OUEST, sera seul en usage parmi les Sociétés composant ces trois associations.
~~~~~~

II

Les régates organisées et dirigées par une Société de l'Union des Sociétés d'Aviron de France, de la Fédération des Sociétés nautiques du nord de la France ou de l'Union nautique des Sociétés du Sud-Ouest, ne seront ouvertes qu'aux Sociétés de chacun de ces groupes ainsi qu'aux Sociétés étrangères officiellement reconnues par ces trois associations.

III

Les Sociétés de l'Union des Sociétés d'Aviron de France, de la Fédération des Sociétés nautiques du nord de la France et de l'Union nautique des Sociétés du Sud-Ouest, ne pourront prendre part aux régates organisées ou dirigées par une ou plusieurs Sociétés ne faisant pas partie de l'une de ces associations ou par un Comité quelconque n'adhérant pas à leur Code et à leur juridiction.

IV

Toute pénalité concernant un rameur ou une Société de l'un des trois groupes recevra son plein effet dans les autres groupes.

V

L'Union des Sociétés d'Aviron de France, la Fédération des Sociétés nautiques du nord de la France et l'Union nautique des Sociétés du Sud-Ouest conservent toute liberté de s'organiser intérieurement comme elles l'entendront.

VI

Les effets de la présente convention pourront être étendus aux associations régionales de Sociétés nautiques qui en accepteront intégralement les clauses.

Fait à Lille, le 30 mars 1890.

ADHÉSIONS

Depuis la mise en vigueur de cette convention, les groupes régionaux ci-après désignés en ont accepté intégralement les clauses.

Union des Sociétés d'Aviron du Nord-Est, par lettre du 15 novembre 1891.

Fédération des Sociétés d'Aviron du Sud-Est, par lettre du 21 juin 1892.

Fédération des Sociétés nautiques parisiennes, par lettre du 20 mars 1892.

Union des Sociétés nautiques de la Loire et de l'Ouest, par lettre du 15 janvier 1894.

Au départ.

CODE DES COURSES

DE LA

Fédération française des Sociétés d'Aviron

PREMIÈRE PARTIE

RÉGATES, RAMEURS, BARREURS, EMBARCATIONS

Régates

ARTICLE PREMIER. — Les régates sont divisées en trois classes :

1° Les *régates d'entraînement*, réservées aux membres de deux Sociétés au plus ;

2° Les *régates nationales*, ouvertes de droit à toutes les Sociétés françaises faisant partie de la FÉDÉRATION FRANÇAISE DES SOCIÉTÉS D'AVIRON ;

— 3° Les *régates internationales*, ouvertes de droit non seulement aux Sociétés françaises ci-dessus énoncées, mais encore aux Sociétés étrangères reconnues par la Fédération française.

Nota. — Les *championnats régionaux*, bien que rentrant dans les régates nationales, pourront être réservés aux rameurs des Sociétés fédérées ayant leur siège dans la région où ils seront organisés.

Rameurs et Barreurs

Art. 2. — Ne sont admis dans les courses dirigées par les Sociétés de la Fédération française que les rameurs *amateurs* faisant partie des Sociétés fédérées et des Sociétés étrangères reconnues officiellement par elles.

La liste de ces Sociétés est établie par le Comité central de la Fédération française.

Art. 3. — Ne sont pas *amateurs* :

1° Les rameurs courant ou ayant couru à gages et les personnes ayant fourni des subsides ou gages à des rameurs qualifiés amateurs, pour courir ;

2° Les marins, mariniers, passeurs, pêcheurs par état, gardiens de garages, constructeurs de bateaux par état, professeurs salariés de nage d'aviron, enfin toutes les personnes tirant ou ayant tiré leurs moyens d'existence d'une profession manuelle exercée d'une façon habituelle continue pour ou sur des bateaux ;

3° Les rameurs ayant pris part aux courses ouvertes aux professionnels désignés ci-dessus ;

4° Dans les régates internationales, les rameurs qui, dans leur pays, ne sont pas reconnus comme amateurs.

La qualité d'amateur ne pourra être refusée ou retirée à un rameur régulièrement admis dans une Société fédérée que par le Bureau du Groupe régional auquel appartiendra la Société dont le rameur en course fera partie.

Art. 4. — Les officiers appartenant ou ayant appartenu à une marine de guerre, ainsi que les capitaines de marine marchande diplômés au long cours et les officiers comptables de bord sont considérés comme amateurs.

Art. 5. — Ne sont pas admis à courir les rameurs (ou Sociétés) exclus, rayés, suspendus de leurs droits ou disqualifiés conformément aux Statuts de l'une des associations fédérées.

Art. 6. — Les rameurs sont divisés en deux classes : les *juniors* et les *seniors*.

Est considéré comme *junior en pointe* tout rameur n'ayant pas gagné trois premiers prix en pointe avant le 1ᵉʳ janvier de l'année dans laquelle il court.

Est considéré comme *junior en couple* tout rameur n'ayant pas gagné trois premiers prix en couple avant le 1er janvier de l'année dans laquelle il court.

Art. 7. — Il peut être donné des courses contenant des restrictions à condition qu'il se trouve dans le programme des courses générales de même classe.

Les prix remportés dans ces courses comptent pour le classement.

Exception est faite pour les courses réservées aux canoës et bateaux de promenade ou de service dont l'organisation est absolument libre. Toutefois, si ces courses sont ouvertes aux professionnels, les amateurs ne pourront y prendre part, conformément au § 3 de l'article 3.

Sortie d'un skiff.

Art. 8. — Les prix gagnés dans les *régates d'entraînement*, les *matches* et les courses dans lesquelles *tous les concurrents sont handicapés*, ne comptent pas pour le classement.

Ne sont pas considérées comme *handicapées* les courses dans lesquelles toute une catégorie de rameurs ou d'embarcations rendrait un temps unique à une autre catégorie de rameurs ou d'embarcations. Ne comptent pas pour le classement les prix remportés dans des courses exclusivement réservées à des bateaux de promenade ou de service ou à des canoës.

Art. 9. — La distinction des juniors et seniors n'est pas applicable aux *barreurs*.

Les *barreurs* devront faire partie d'une Société, mais ils ne sont pas tenus d'être membres de la Société dont ils barrent les équipes ; cette Société est responsable des actes de ses barreurs pendant les régates.

Embarcations

Art. 10. — Les *embarcations* sont divisées en deux catégories :
1º Les *embarcations de forme, de dimensions et de construction entièrement libres* ;
2º Les *yoles franches*.

La *construction libre* est obligatoire dans toutes les courses nationales et internationales autres que celles à la mer où elle est facultative.

La *yole franche* pourra être prescrite par le programme pour les courses à la mer quand la Société organisatrice le jugera opportun.

Art. 11. — Les *yoles franches* sont des embarcations pontées ou non pontées, à clins et à plats-bords continus, de dimensions et de poids déterminés conformément au tableau ci-dessous :

EMBARCATIONS	LONGUEUR (maximum)	CREUX (minimum)	LARGEUR TOTALE (minimum)	LARGEUR de LIGNE D'EAU (minimum)	POIDS (minimum)	NOMBRE DES CLINS DE CHAQUE CÔTÉ (minimum)
A 1 rameur.....	7ᵐ50	0ᵐ25	0ᵐ70	0ᵐ60	25 k.	5
A 2 rameurs.....	8 50	0 35	1 00	0 75	60 »	6
A 4 rameurs.....	10 50	0 38	1 05	0 80	90 »	7
A 6 rameurs.....	12 50	0 40	1 10	0 83	120 »	7
A 8 rameurs.....	14 50	0 42	1 15	0 85	150 »	7

Art. 12. — Construction des yoles franches : Les *clins* devront être d'égale largeur.

La *longueur* se mesurera de l'extrémité de l'étrave à celle de l'étambot ; le *creux* du dessus des plats-bords à la naissance du gabord intérieurement (exceptions faites du premier mètre à partir de l'extrémité de l'étrave et de celle de l'étambot) ; la *largeur totale*, au maître bau, de dehors en dehors au niveau du dessus des plats-bords ; la *largeur de la ligne d'eau*, au maître bau, extérieurement et horizontalement à 12 centimètres et demi au-dessus de la naissance du gabord.

Toute *ferrure* quelconque ne devra pas dépasser horizontalement le contour extérieur de l'embarcation, au niveau des plats-bords, de plus de 4 centimètres ; de plus, la partie horizontale du système ou du taquet de nage, autrement dit la *nage*, ne devra pas être située à plus de 4 centimètres au-dessus des plats-bords.

Cette clause n'est pas applicable aux embarcations à un rameur, qui pourront posséder des portants en fer ou en bois pour obtenir le levier nécessaire sans avoir besoin d'étaler les œuvres mortes du bateau.

Mesurage : Le mesurage des dimensions obligatoires n'offre aucune difficulté, sauf celle de la ligne d'eau qui s'obtient par la méthode suivante :

Emploi d'une règle au milieu de laquelle, sur un des côtés, est faite une encoche pour loger la partie saillante de la quille, extérieurement, le cas échéant ; à égale distance de l'axe de cette règle (c'est-à-dire de l'encoche), et d'après les dimensions variant suivant l'échelle des bateaux, sont marqués des points de repère ; à chaque extrémité de la règle, deux tiges verticales mobiles, glissant horizontalement et d'une hauteur de 12 centimètres et demi. Pour mesurer, fixer les tiges mobiles aux repères correspondants au bateau à mesurer et appliquer l'instrument sur l'embarcation, celle-ci étant retournée la quille en l'air ; si les extrémités des tiges touchent la coque sans que la règle touche la naissance du gabord, la *ligne d'eau* est plus large qu'il n'est nécessaire et le bateau est conforme sur ce point au règlement.

Dans le cas contraire, la ligne d'eau est trop étroite et le bateau hors du règlement. Le point limite est obtenu quand l'appareil touche le bateau en trois points, savoir : les deux pointes des tiges mobiles aux flancs du bateau et la règle à la naissance du gabord.

Art. 13. — L'armement des embarcations est en pointe avec barreur. Pour les exceptions, voir l'article 15.

DEUXIÉME PARTIE

I. — Dispositions générales

Art. 14. — Les *courses* peuvent être organisées de deux manières différentes :

1° En ligne droite.
2° Avec virage } Bord à bord ou au piquet.

Art. 15. — Conformément à l'article 13, les embarcations sont armées en pointe avec barreur ; mais les Sociétés peuvent organiser des courses pour embarcations armées en couple avec ou sans barreur, à condition de donner dans la même régate des courses de même nombre et de même classe de rameurs en pointe et de ne pas affecter aux courses en couple des prix supérieurs à ceux des courses en pointe.

Invitations, Engagements, Programmes

Art. 16. — Les Sociétés fédérées peuvent organiser leurs régates comme elles le jugent convenable, mais en se conformant strictement aux dispositions du présent Code.

Art. 17. — Le Président de la Société invitée adresse ses *engagements* au Président de la Société organisatrice et certifie que les rameurs engagés sont amateurs et membres de sa Société.

Les engagements doivent contenir les noms et prénoms des rameurs et barreurs et les couleurs de leurs costumes. — Les équipes devront être composées de rameurs appartenant à la même Société, sauf pour les régates à l'étranger, où les équipes pourront être formées avec des rameurs de plusieurs Sociétés.

Ils doivent être accompagnés du montant des entrées.

Les pseudonymes sont admis, mais à condition d'indiquer aussi le nom véritable.

Art. 18. — Toute équipe a droit *au remplacement de ses rameurs jusqu'à concurrence de la moitié*, pourvu que les remplaçants soient membres de la Société et que déclaration de leurs noms et qualités soit faite avant la course au juge-arbitre (ou au président du jury).

Le remplacement du barreur est également admis, pourvu que déclaration du remplacement soit faite comme il est prescrit ci-dessus.

Un jour de régates.

ART. 19. — Chaque équipe doit être *uniformément vêtue*; le barreur doit porter la casquette de l'équipe.

L'admission aux courses sera interdite à ceux qui ne se conformeront pas à cette disposition.

ART. 20. — Les programmes d'invitation et les programmes des courses sont rédigés comme bon semble aux Sociétés organisatrices; mais, afin de permettre au jury (ou au juge-arbitre) de constater la qualité des rameurs et de les reconnaître, le programme des courses devra contenir le nom de tous les rameurs et barreurs engagés dans chaque course, et la couleur des équipes.

Organisation, Juridiction, Pénalités, Parcours

ART. 21. — L'*organisation matérielle* des régates est laissée aux soins et à l'initiative des Sociétés organisatrices.

Mais la *direction des courses* et l'*application des règlements* sont confiées par la Société organisatrice soit à un *juge-arbitre*, soit à un *jury* composé d'autant de membres qu'il y a de Sociétés prenant part aux courses, à raison d'un membre par chaque Société. — Dans les courses à virage, c'est au jury seulement qu'il appartient de juger les incidents.

La présidence du jury appartient de droit au Président de la Société organisatrice ; en cas de partage des voix, celle du président est prépondérante.

Lorsque le Président de l'un des Groupes fédérés assiste à la régate, la présidence du jury *peut* lui être offerte par la Société organisatrice.

La compétence du juge-arbitre (ou du jury) s'étend sur toutes les courses d'une même journée de régates.

ART. 22. — Des *commissaires* surveillent les départs, parcours, points de virage et les arrivées ; ces commissaires sont juges-rapporteurs de la partie de la course qu'ils surveillent.

Ils doivent être agréés par le juge-arbitre (ou le jury) et agissent sous la responsabilité de celui-ci.

Les commissaires devront être reconnaissables par des insignes très visibles, portés ostensiblement.

ART. 23. — Le juge-arbitre (ou le jury) peut infliger à tout rameur, barreur ou équipe certaines *pénalités*, telles que mise hors de course, interdiction temporaire du droit de courir, pour infraction aux règlements, manœuvre déloyale, défaut de soumission aux commissaires et manques aux convenances.

ART. 24. — Le rameur qui fait l'objet d'une demande de disqualification pourra continuer à courir entre le moment précis où aura été commis le fait incriminé et l'époque où il sera statué par le Bureau du Groupe auquel appartient la Société dont il fait partie ; mais les prix qu'il gagnera dans cet intervalle seront réservés et ne lui seront décernés que si la décision lui est favorable. La décision devra être rendue dans le mois du jour de la demande.

ART. 25. — *Toute fausse déclaration* concernant les noms, classe et qualité des rameurs et barreurs engagés entraîne la disqualification de la Société engagée, ainsi que son exclusion temporaire ou définitive des régates de la FÉDÉRATION. La Société organisatrice avisera de suite le Bureau de son Groupe régional de la peine prononcée.

ART. 26. — Les *décisions* du juge-arbitre (ou du jury) doivent être rendues le jour même, à l'issue des courses. Elles doivent être dictées par la lettre stricte du règlement.

Elles sont sans appel pour tout ce qui concerne les faits de courses ; le recours à la FÉDÉRATION est seulement admis pour l'application et l'interprétation du règlement.

Les concurrents, par le fait seul de leur engagement, acceptent cette juridiction à l'exclusion de toute autre.

ART. 27. — Un membre du Comité organisateur *doit se trouver, une heure avant la première course*, à l'endroit désigné sur le programme officiel, afin de donner aux représentants des équipes, qui doivent aussi s'y trouver, les instructions verbales et les renseignements nécessaires.

ART. 28. — Les embarcations, inscrites ou non, qui ne prennent pas part aux courses et celles qui abandonnent en course doivent se tenir en dehors du parcours.

Il n'est permis à aucune embarcation d'accompagner un des concurrents pour le piloter ; le concurrent qui aura accepté ce concours sera mis hors de course. Celui ou ceux qui auront piloté un des concurrents dans une embarcation seront disqualifiés par le jury ou le juge-arbitre pour un temps à déterminer par lui.

ART. 29. — Le *plan officiel* des parcours, avec indication des bouées, des distances, des points de départ et d'arrivée, doit être affiché dans l'enceinte réservée.

ART. 30. — Lorsqu'une course a lieu en plusieurs épreuves, l'*épreuve définitive* est courue par :

1º Les deux premières embarcations, au plus, de chaque épreuve préparatoire ;

2º Les embarcations ayant mis moins de temps à effectuer le parcours que l'une des embarcations ci-dessus.

ART. 31. — A l'heure indiquée par le programme, le signal du départ sera donné sans attendre les retardataires.

Les signaux d'avertissement demeurent simplement facultatifs.

ART. 32. — Lorsque les courses ont lieu *bord à bord*, le départ se fera autant que possible dans le sens du courant ; l'embarcation ayant le n° 1 prendra la place indiquée avant le tirage au sort par le Comité organisateur.

ART. 33. — Le commissaire (*starter*) chargé de donner le départ fait aligner les embarcations par l'étrave.

Le signal du départ se donne de la manière suivante :

Le starter élève un pavillon et dit en même temps : « *Êtes-vous prêts ?* » Aucune observation n'étant faite, il prononce à haute voix le mot « *Partez !* » et abaisse en même temps son pavillon.

Tout autre signal tel qu'une détonation ne sert qu'à appuyer le départ ou à avertir que la course est commencée.

S'il y a lieu d'arrêter la course dès le départ, le starter agitera son pavillon et rappellera les concurrents.

Toute embarcation qui *part avant* le signal peut être mise hors de course.

Toute embarcation qui refuse un second départ est mise hors de course.

Le juge-arbitre peut remplir lui-même les fonctions de starter.

Pour le départ des courses au piquet, voir l'article 55.

ART. 34. — Au départ ou pendant la course, pour signaler un incident au moment où il se produit, il suffit d'élever le bras.

ART. 35. — Le juge-arbitre (ou les commissaires de parcours) apprécie la régularité de la ligne de marche suivie par les embarcations : il peut avertir les rameurs sur le point de commettre une faute.

ART. 36. — Lorsqu'un obstacle imprévu viendra barrer *complètement* la route de l'une des embarcations concurrentes, son équipe pourra demander l'annulation de la course ; mais le juge-arbitre ou les commissaires de parcours auront seuls le droit d'arrêter la course pour la faire recommencer.

ART. 37. — Le *commissaire* à l'arrivée constate l'arrivée au but sur l'étrave des embarcations ; il donnera le signal d'arrêt en abaissant un pavillon.

Tout autre signal ne sert qu'à indiquer que la course est bien terminée.

La *ligne d'arrivée* sera définie par des mâts spéciaux placés ostensiblement.

Pour les courses au piquet, voir l'article 58.

ART. 38. — Si plusieurs embarcations arrivent exactement ensemble au but, il est procédé à une nouvelle épreuve au moment fixé par le juge-arbitre (ou le jury), à moins que les concurrents ne préfèrent partager le prix.

Les concurrents qui refusent de recommencer la course perdent tous leurs droits au prix.

Art. 39. — Nul ne peut se prévaloir d'une avarie pour demander à recommencer la course.

Art. 40. — Toute régate doit avoir obligatoirement un *service de sauvetage* soigneusement organisé par la Société organisatrice. — En dehors de ce service, s'il survient un accident, toutes les embarcations présentes doivent se porter au secours des naufragés, et, si l'accident se produit pendant une course, le jury (ou le juge-arbitre) se réserve le droit de faire recommencer la course ou d'appliquer les prix suivant le cas.

Un abordage.

Si l'équipe coulée était en course, le jury (ou le juge-arbitre) décidera s'il y a lieu de lui laisser recommencer la course.

Art. 41. — Toute équipe est responsable des *avaries* qu'elle cause en course à ses concurrentes par sa faute; la constatation et l'appréciation des avaries doivent être faites par le juge-arbitre (ou le jury), et la Société à laquelle appartient l'équipe est responsable de l'indemnité fixée.

Art. 42. — Toute *réclamation*, pour être valable, doit être faite par écrit, signée par le ou les rameurs directement lésés, ou par leur délégué officiel, et déposée immédiatement après la course entre les mains du juge-arbitre (ou du président du jury) en même

temps qu'une consignation égale au montant de l'entrée de la course
contestée.

Quand la réclamation n'est pas reconnue fondée, la consignation
est acquise au fonds de courses régional du Groupe dont fait partie
la Société organisatrice.

Prix

ART. 43. — Il suffit qu'une seule des embarcations inscrites se
présente en ligne pour avoir droit au prix en l'absence de ses concurrentes, mais à la condition d'effectuer le parcours d'une façon
normale et régulière.

ART. 44. — *Tous les prix annoncés* doivent être distribués, sous
réserve toutefois de la complète, régulière et normale exécution
des parcours par les concurrents engagés et en tenant compte de
la restriction prévue article 45.

ART. 45. — Lorsqu'une équipe arrivée classée *sans avoir géné ses
concurrentes* est mise hors de course pour toute autre infraction au
règlement, le prix retiré à l'équipe disqualifiée retourne au fonds
de course régional du Groupe auquel appartient la Société organisatrice (mais seulement lorsqu'il s'agit de prix en espèces, les objets
d'art retournent à la Société organisatrice), et les autres équipes
conservent leurs prix primitifs, sans monter chacune d'un rang.

II. — Dispositions spéciales aux courses en ligne droite

ART. 46. — Dès que le départ a été régulièrement effectué, chaque
embarcation doit rigoureusement *se tenir dans ses eaux ;* toute
embarcation qui se soustrait à cette obligation le fait à ses risques
et périls.

ART. 47. — Sont considérées les *eaux* d'une embarcation, la ligne
la plus directe depuis le départ jusqu'à l'arrivée, parallèle à celles
des embarcations concurrentes.

ART. 48. — Dès que la course est commencée, tout contact
d'aviron, de bateau ou d'équipier sortant de ses eaux avec l'aviron,
le bateau ou les équipiers d'une embarcation concurrente restée
dans ses eaux, est considéré comme une infraction, à moins que
ce contact ne soit involontaire et si léger que le juge-arbitre (ou le
jury) décide qu'il n'a pu avoir d'influence sur les résultats de la
course.

ART. 49. — En cas d'abordage, le juge-arbitre (ou le jury) a le
pouvoir :

1° De placer les embarcations dans l'ordre de leur arrivée à l'exception de celle qui a causé l'abordage et qui est mise hors de course ;

2° D'ordonner aux embarcations qui ont pris part à la course, sauf celle qui a causé l'abordage, de recommencer le parcours le jour même ou tout autre jour.

III. — Dispositions spéciales aux courses à virages

ART. 50. — Le commissaire de virage doit se placer le plus près possible de la bouée et en dedans de celle-ci autant que faire se peut.

Au virage.

Les virages se font sur bâbord à moins d'impossibilité absolue.

Les points de virage doivent être doublés sans être touchés ni par les rameurs ni par les barreurs.

Le fait d'avoir touché les points de virage, soit avec les avirons, soit avec le bateau, n'entraîne pas la mise hors de course.

Si les rameurs ou barreurs viennent à toucher les points de virage par le fait de l'abordage d'une autre embarcation qui pousse la leur sur la bouée, la mise hors de course n'est applicable qu'à l'embarcation qui a causé l'abordage.

ART. 51. — Lorsque tous les concurrents ont le *même point de virage*, celui-ci doit affecter autant que possible la forme d'un triangle ayant une base aussi large que possible et le sommet limitant le bassin de course.

Art. 52. — Lorsque chaque embarcation a son *point de virage individuel*, il y a lieu d'appliquer les dispositions spéciales aux courses en ligne droite.

Chaque Groupe fédéré est libre de prendre, suivant la nature des lieux, telles mesures qu'il jugera convenable pour la disposition des points de virage.

Art. 53. — Toute embarcation qui en aborde une autre, qui manœuvre de manière à gêner ou arrêter la marche d'une concurrente, ou qui lui prend ses eaux avant d'avoir sa longueur franche *bien déterminée*, est mise hors de course.

Art. 54. — Lorsque deux embarcations se présentent ensemble à la bouée, le virage appartient à celle qui tient la bouée, à moins que l'une de ses concurrentes n'ait sur elle l'avance de sa longueur franche *bien déterminée*.

IV. — Dispositions spéciales aux courses au piquet

Art. 55. — Dans les courses au piquet, les places ne sont pas tirées au sort; la Société organisatrice place les équipes d'après leur valeur basée sur les résultats de précédentes régates, la plus forte en tête.

Art. 56. — Pour les départs, le starter, après s'être assuré que les rameurs sont prêts et les barreurs à la corde, donne le signal par deux coups de feu ou par deux coups de sonnerie électrique, le premier servant d'avertissement.

Toute équipe qui part avant le second coup peut être mise hors de course.

Art. 57. — Les équipes gardent la rive à contre-bord du virage; elles ne peuvent s'en écarter que pour doubler une autre équipe; puis, elles reprennent cette rive aussitôt qu'elles ont leur longueur franche.

Art. 58. — Si une équipe en rejoint une autre au virage, avant que le virage soit commencé, cette dernière est tenue de s'écarter, de manière à laisser le virage entièrement libre à sa concurrente.

Art. 59. — Le commissaire à l'arrivée signale l'arrivée au piquet, soit par un coup de feu appuyé par un signal de pavillon, soit par tout autre moyen, au moment où l'étrave de l'embarcation affleure la corde d'arrivée.

Le Code des courses de la Fédération est obligatoire pour toutes les Sociétés comprises dans la liste ci-après (1) :

I. — Union du Sud-Ouest

(Fondée en 1890)

1. Club nautique de Libourne.
2. Rowing-Club de Cognac.
3. Émulation nautique de Toulouse.
4. Société nautique de Bordeaux.
5. Sport nautique de Bergerac.
6. Club nautique de Castillon.
7. Aviron toulousain de Toulouse.
8. Aviron condomois de Condom.
9. Les Rameurs condomois de Condom.
10. Yacht-Club de Cognac.
11. Société nautique de Bayonne.
12. Société des Régates d'Agen.
13. Aviron villeneuvois de Villeneuve-sur-Lot.
14. Émulation nautique de La Réole.

II. — Union de France

(Fondée en 1882)

1. Société des Régates saintaises (en congé).
2. Club nautique de Lyon.
3. Rowing-Club de Tours.
4. Union nautique de Lyon.
5. Société nautique de l'Oise (Pontoise).
6. Société nautique de Saumur.
7. Cercle de l'Aviron et de la Voile de Limoges.
8. Société nautique de Caen.
9. Société des Régates mâconnaises.
10. Société nautique de Tours.
11. Société des Régates châlonnaises.
12. Cercle nautique du Croisset.

(1) Sauf erreurs ou omissions.

13. Société nautique du Loiret (Orléans).
14. Cercle nautique elbeuvien.
15. Société des Régates de Duclair.
16. Société nautique de Vernon.
17. L'Aviron vichyssois.

Comités adhérents

1. Comité des Régates de Dieppedalle.
2. Comité des Régates de la Bouille.

III. — Fédération du Nord

(Fondée en 1889)

1. Sport nautique d'Amiens.
2. Sporting-Club d'Armentières.
3. Sport nautique de Bouchain.
4. Boulogne-Club de Boulogne-sur-Mer.
5. Émulation nautique de Boulogne-sur-Mer.
6. Émulation nautique de Calais.
7. Union nautique de Calais.
8. Union nautique de Cambrai.
9. Club nautique dieppois.
10. Sporting-Club de Dunkerque.
11. Rowing-Club de Lille.
12. Sport nautique de Lille.
13. Union nautique de Saint-André-lez-Lille.
14. Cercle de l'Aviron de Roubaix.
15. Club nautique Trois-Étoiles de Roubaix.
16. Société des Régates rouennaises.
17. Yole-Club de Rouen.
18. Société des Régates du Tréport.
19. Union nautique de Valenciennes.
20. Sport nautique de Valenciennes.
21. Sport nautique de Douai.

Comité adhérent

1. Comité des Régates de Calais.

IV. — Union du Nord-Est

(Fondée en 1890)

1. Cercle nautique de Meaux.
2. Société des Régates rémoises.
3. Société nautique de Troyes.
4. Sport nautique de Compiègne.
5. Rowing-Club de l'Aisne.

V. — Fédération du Sud-Est

(Fondée en 1892)

1. Société des Régates lyonnaises.
2. Société nautique bisontine (Besançon).
3. Club nautique de Lyon.
4. Cercle de l'Aviron de Lyon.
5. Cercle nautique de Neuville-sur-Saône.

VI. — Fédération parisienne

(Fondée en 1893)

1. Rowing-Club de Paris.
2. Cercle nautique de France.
3. Société nautique de la Marne.
4. Société nautique de la Basse-Seine.
5. Société de Voile et d'Aviron de Billancourt.
6. Club nautique de Paris.

Comités adhérents

1. Comité des Régates internationales de Paris.
2. Comité des Régates du Havre.

VII. — Union des Sociétés nautiques de la Loire et de l'Ouest

(Fondée en 1893)

1. Société nautique de Tours.
2. Société nautique de Saumur.
3. Société nautique du Loiret.
4. Angers nautique.

Les Sociétés fédérées peuvent seules prendre part aux régates organisées en France sous le patronage de la Fédération, et, de plus, elles ne peuvent prendre part qu'à celles-là.

Toutefois, par mesure de réciprocité, les Sociétés étrangères désignées ci-dessous sont admises dans les régates de la Fédération française.

Ces Sociétés sont dites *reconnues*.

ALSACE-LORRAINE

Club nautique Stella (Strasbourg).
Rowing-Club (Strasbourg).
Ill-Club (Strasbourg).

ANGLETERRE

Brighton Excelsior Rowing-Club.
Folkestone Rowing-Club.
Newhaven Rowing-Club.

AUTRICHE-HONGRIE

Société des Régates (Trieste).
Vienner Regatta Verein (Vienne).

BELGIQUE

Fédération belge des Sociétés d'Aviron (Bruxelles).
Société royale nautique anversoise (Anvers).
Yacht-Club d'Anvers.
Sport nautique de Bruges.
Cercle des Régates de Bruxelles.
Royal sport nautique de Bruxelles.
Union nautique de Bruxelles.
Sport nautique de Courtrai.
Club nautique de Gand.
Sport nautique de Gand.
Régates gantoises (Gand).
Rowing-Club de Gand.
Royal Sport nautique de la Meuse (Liège).

Union nautique de Liège.
Club nautique de Louvain.
Sport nautique de Malines.
Rowing-Club de Menin.
Royal-Club nautique de Sambre-et-Meuse (Namur).
Sport nautique d'Ostende.
Cercle des Régates de Saint-Ghislain.
Club nautique de Termonde.
Réunion nautique de Vilvorde.
Cercle nautique de la Basse-Meuse de Visé.
Water en Win (Lokeren).
Cercle nautique montais (Mons).
Club nautique (Spa).

ESPAGNE

Real-Club de Regatas de Barcelona.
Real-Club nautico de Barcelone.

HOLLANDE

Koninklighe Nederlandsche Zeil-en Roei Vereeniging.
Amsterdamsche Roei-en Zeilvereeniging *De Hoop* (Amsterdam).
Roei-en Zeilvereeniging *De Amstel* (Amsterdam).
Roei Vereeniging *Fortuna* (Amsterdam).
Studenten Roei Vereeniging *Nereus* (Amsterdam).
Roei Vereeniging *Neptunus* (Amsterdam).
Roei Vereeniging *Willem III.*
Studenten Roei Vereeniging *Laga* (Delft).
Vereeniging *De Delftsche Sport* (Delft).
Roei-en Zeilvereeniging *Daventria* (Deventer).
Y Gravenhaagsche Roei Vereeniging *Skadhi* (Y Gravenhage).
Roei-en Zeilvereeniging *Het Spaarne* (Haarlem).
Studenten Roei Vereeniging *Njord* (Leiden).
Zeil en Roei Vereeniging *Hollandia* (Oudshoorn).
Roei-en Zeilvereeniging *De Maas* (Rotterdam).
Deutscher Turnner Ruderverein.
Studenten Roei Vereeniging, *Triton* (Utrecht).
Zwolsche Zeil en Roei Vereeniging (Zwolle).
Comité du Championnat (Amsterdam).
Studenten Roei Vereeniging *Aegir* (Groningen).
Roei Vereeniging *de Hunze* (Groningen).

ITALIE

Rowing-Club Italiano

Section centrale

Canottieri *Armida* (Turin).
    —   *Baldesio* (Cremona).
    —   *Bucintoro* (Venise).
    —   *Bresca* (S. Remo).
    —   *Caprera* (Turin).
    —   *Cerea*   —
    —   *Eridano*   —
    —   *Esperia*   —
    —   *Genovesi* (Gênes).
    —   *Italia* (Naples).
    —   *Luino* (Luino).
    —   *Nino-Bixio* (Piazenza).
    —   *Sedula* (Casalo).
    —   *Torino* (Turin).
    —   *Ticino* (Pavia).
    —   *Velocior* (Spezia).
    —   *Vittorino da Feltre* (Piacenza).
Rowing-Club *Genovèse* (Gênes).
Société *Ginnastica* (Turin).

Section lariane

Sociéta Canottieri *Lario* (Como).
Club Canottieri *Tevere* (Rome).

Section romaine

Club del *Remo* (Rome).

SUISSE

Société nautique de Genève.
Sée-Club de Zurich.
Basler Rowing-Club (Bâle).
Club de l'Aviron de Lausanne.
Rowing-Club de Lausanne.
Club nautique de Nyon.
Société vaudoise de Navigation d'Ouchy.
Société nautique de Rolle.
Cercle nautique de Vevey.
Club nautique (Vevey).

RÉSULTATS

DES

GRANDES RÉUNIONS NAUTIQUES PARISIENNES

(CHAMPIONNATS)

~~~~

CHAMPIONNAT DE LA SEINE

*Noms des gagnants de la course depuis sa fondation
par la Société des Régates parisiennes
(Rowing-Club).*

1853.	Frédéric Lowe.	1871.	Réginald Gesling.
1854.	Frédéric Lowe.	1872.	Réginald Gesling.
1855.	Frédéric Lowe.	1873.	Réginald Gesling.
1856.	Frédéric Lowe.	1874.	Réginald Gesling.
1857.	Louis Armet.	1875.	Jules Monney.
1858.	Louis Armet.	1876	
1859.	Louis Armet.	à	*N'a pas été couru.*
1860.	Louis Armet.	1884.	
1861.	Louis Armet.	1885.	Albert Gouin.
1862.	Eugène Gamby.	1886.	Henri Haueur.
1863.	Louis Huot.	1887.	Paul Flouest.
1864.	Eugène Frébault.	1888.	Paul Flouest.
1865.	Eugène Frébault.	1889.	Émile Lepron.
1866.	Eugène Frébault.	1890.	Francis Boudin.
1867.	Eugène Frébault.	1891.	Jacques Jansen.
1868.	Réginald Gesling.	1892.	Émile Lepron.
1869.	Réginald Gesling.	1893.	Jules Piot.
1870.	*N'a pas été couru.*	1894.	Jules Démaret.
~~~~

CHAMPIONNAT DE LA MARNE

Noms des gagnants de cette course depuis sa fondation.

1881 à 1892. — Direction de la Société d'Encouragement.
1892 à 1894. — Direction de la Société nautique de la Marne.

1881.	A. Lein.	1888.	E. Lepron.
1882.	C. Poulain.	1889.	E. Lepron.
1883.	A. Lein.	1890.	E. Lepron.
1884.	A. Lein.	1891.	E. Lepron.
1885.	A. Lein.	1892.	E. Lepron.
1886.	Templier.	1893.	E. Lepron.
1887.	A. Rambure.	1894.	E. Lepron.

CHAMPIONNAT SCOLAIRE

Noms des gagnants depuis la fondation de cette course
par le Cercle nautique de France.

1891.	A. Gaudin,	lycée	Condorcet.
1892.	Lefaure,	—	Louis-le-Grand.
1893.	Sculfort,	—	Chaptal.
1894.	de Robespierre,	—	Condorcet.

CHAMPIONNAT DE FRANCE

Noms des gagnants depuis l'organisation de cette course
par le Cercle nautique de France.

1876.	Alexandre Lein.	1886.	Alexandre Lein.
1877.	Alexandre Lein.	1887.	Albert Rambure.
1878.	Alexandre Lein.	1888.	Paul Flouest.
1879.	Alexandre Lein.	1889.	Jules Piot.
1880.	Alexandre Lein.	1890.	Émile Lepron.
1881.	Alexandre Lein.	1891.	J.-J.-K. Ooms.
1882.	Alexandre Lein.	1892.	Émile Lepron.
1883.	Alexandre Lein.	1893.	Émile Lepron.
1884.	Abel d'Hautefeuille.	1894.	Jules Démaret.
1885.	Louis Bidault.		

COMPOSITION

DES

ÉQUIPES PARISIENNES

QUI SE SONT LE PLUS DISTINGUÉES DANS LES RÉGATES DE PARIS
DE LA PROVINCE ET DE L'ÉTRANGER

(De 1840 à 1894)

Sorcière des Eaux. — MM. Vasseur aîné, A. Duchesne, Saint-Martin, Lacombe, Racarie, Vasseur jeune; barreur, Lucien More.

Argonaute. — MM. Mac-Henry, E. Rejoux, A. Gautier, G. Greffier; barreur, Laffely.

Velléda. — MM. Josse, G. Bernardel, A. Coulombel, A. Jung, E. Jung, L. Armet; barreur, Bardon.

Sans-Souci. — MM. R. Anquetin, L. Armand, L. Durand, A. Plé, A. Fremeaux, A. Fleuret; barreur, Louis M...

Éva. — MM. F. Lowe, A. de Châteauvillard, Stuart, Ricardo, Hargrave, J. Arthur; barreur, Dean.

Lutin. — MM. D. Hébert, P. Hébert, A. Fleuret, L. Puteaux; barreur, Ch. Yvon.

Duc de Framboisie. — MM. F. Lowe, A. de Châteauvillard, A. Coulombel, G. Bernardel, J. Arthur, L. Armet; barreur, Schlatter.

Lutèce. — MM. P. Hébert, D. Hébert, H. Didier, A. Fleuret; barreur, Ch. Yvon.

Alma. — MM. G. Avrial, D. Foulc, A. Fleuret, J. Yvon; barreur, Ch. Yvon.

Pêle-Mêle. — MM. H. Didier, A. Fleuret, J. Yvon, H. Pinet; barreur, L. Merle.

Pingouin. — MM. Tellier aîné, Léger, Delmas, Chadit; barreur, Vassy.

Hébé. — MM. Radit, Nauzat, G. Cantillon, M. X...; barreur, Magnier.

Abeille. — MM. Tellier aîné, Tellier jeune, Ricard, Blondin; barreur, Beaugrand.

Dame Blanche. — MM. Jacquelin, Depuille, Autran, Manternach; barreur, Magnier.

Duc Job. — MM. L. Descoins, E. Descoins, H. Labrouste, Hérouard; barreur, L. Merle.

Adda. — MM. Parenthou, J. Gigon, P. Gaudin, L. Soyer; barreur, J. Soyer.

Persévérance. — MM. Eddy, E. Frébault, R. Gesling, H. Gesling, T. Sumpter, G. Smith; barreur, R. Gesling.

Mon Étoile. — MM. E. Gaudin, E. Vasse, P. Gaudin, Gustave M... barreur, Joucaviel.

Gauloise. — MM. Tellier aîné, Tellier jeune, Monney, Boudier; barreur, Lançon.

Miss Aurore. — MM. A. Vichy, G. Scribe, J. Durix, L. Gatin; barreur, Durix.

Loyal. — MM. A. Gaudin, G. Lahaye, E. Kropft, Eugène X...; barreur, Baudon.

Lutèce II. — MM. Ancessy, Kropft, Picot aîné, Picot jeune; barreur, Duret.

Haute-Seine. — MM. Rustan, J. Monney, Bonnelain, Marchand; barreur, Bouyer.

Impromptu. — MM. A. Lein, Winter, R. Gesling, P. Gaudin, J. Monney, Lambert; barreur, R. Gesling.

Arrière-Garde. — MM. R. Desnoyers, Lacroix, A. Lein, Lambert; barreur, Huet.

La Tulipe. — MM. A. Lein, Lacroix, A. Cusin, P. Cusin; barreur, Pagès.

Aventurière. — MM. Rustan, Monney, Bernier, Seret.

Flamboyante. — MM. Lein, Mac-Henry, P. Flouest, Louvet.

Ventrebleu. — MM. M. Flouest, Besançon, Boutillon, Cerbelaud.

Arc-en-Ciel. — MM. Jansen, Joyet, S. Love, N. Love.

Nitouche. — MM. Démaret, Legendre, Dorlia, Sartori.

Table des Matières

TROISIÈME PARTIE

L'aviron théorique et pratique.

QUATRIÈME PARTIE

Code des courses.

PARIS
LIBRAIRIES-IMPRIMERIES RÉUNIES
Rue Mignon, 2.